特別活動で学校を楽しくする45のヒント

笑顔あふれる学校にしよう！

文部科学省初等中等教育局教科調査官
国立教育政策研究所教育課程調査官
安部恭子 著

文溪堂

はじめに
－今こそ特別活動の充実を－

文部科学省初等中等教育局教育課程課
教科調査官
安部恭子

平成29年改訂の小学校学習指導要領が令和２年度から全面実施されましたが、新型コロナウイルス感染症対応により、令和２年度は長期の臨時休業や分散型登校が余儀なくされました。臨時休業明けも、グループ活動や集団宿泊活動など多くの教育活動が制限され、子供たちは友達と思うように関われない状況にありました。そのような中で、子供たちを主体として、創意工夫して特別活動を実践し、子供たちの豊かな学びを保障した学校がたくさん見られたことは、とてもすばらしいことでした。

例えば、学級活動で、３密を避けて学級の友達との仲を深めるための工夫を話し合い、実践したり、タブレット端末などを活用して動画で児童会集会活動やクラブ発表会を行ったりしたという事例が報告されています。そのほかにも、規模の縮小などを行っても、子供たちが主体的に学校行事に取り組むことができるように創意工夫している学校もあります。様々な実践が例年どおりには行えない中で、各学校で指導計画を見直し、学校全体で話し合って工夫して取り組まれたことも、よりよい実践につながったと言えます。そして、何よりも子供たちがこれまでの経験や実践を生かしていろいろと創意工夫して実践したことは、未知の状況に対応する力の育成につながりました。

令和３年１月25日の「教育課程部会における審議のまとめ」（中央教育審議会初等中等教育分科会教育課程部会）では、「『協働的な学び』の効果を高めるためには、学級経営を充実し、子供が違いを認めて協力し合える学級づくりを進めることが必要である。例えば、学級活動（ホームルーム活動）で行われる合意形成の活動は、他の教科等での学習の質の向上にも有効であることを念頭に学級経営を充実することなどが考えられる」と示されました。また、令和３年１月26日の中央教育審議会答申「『令和の日本型学校教育』の構築を目指して」では、目指すべき新しい時代の学校教育の姿として「全ての子供たちの可能性を引き出す、個別最適な学びと、協働的な学びの実現」が提言されました。「協働的な学び」の効果を高めるためには、学級経営を充実し、子供たちが違いを認めて協力し合える学級づくりを進めることが必要です。そして、よりよい生活づくりのために学級会で話し合って合意形成を図ることや協力し合って実践する活動は、他の教科等での学習の質の向上にも有効であると言えます。

このように、集団活動を通して子供たちが自ら生活や人間関係をよりよく改善したり、自分らしく生きていく力を育んだりする特別活動は、これからの時代を生きていく子供たちの資質・能力を育む上で必要不可欠な学習活動であると言えます。特別活動の充実が子供たちの豊かで楽しい学級・学校生活に欠かせないものであるだけでなく、学びに向かう学習集団を育成する上でも大きく関わるものです。

そして、特別活動を通じてほかの人の役に立った、喜んでもらえたという経験は、子供たちの自己有用感を高めます。自己有用感は、相手の存在なしには生まれてこないことから、集団や他者との関わりを通して高めていくことが大切です。学級集会活動で役割を担って協力し合って実践したり、児童会活動などの異年齢交流活動において役割を担ったり、リーダーシップを発揮したりすることで、子供たちの自己有用感が高まります。このように特別活動のいずれの活動も、互いに協力し合い認め合う中で、自己有用感を感じ、自信をもつことにつながるのです。

本書では、第１章には基本理論編として、特別活動の目標や育成を目指す資質・能力の視点である「人間関係形成」「社会参画」「自己実現」等について改めて示しています。そして、第２章以降では、各内容の解説とともに、各学校の創意工夫ある実践を紹介しています。各学校や子供たちの実態に合わせて参考にしていただき、特別活動の豊かな実践を通して子供たちの笑顔あふれる学級・学校生活をつくっていただきたいと思います。

もくじ

はじめに 002

第1章　総論 009

Q.1 特別活動が学校教育で果たす役割って何？ 010
Q.2 特別活動の目標には、何が書いてあるの？ 012
Q.3 特別活動において育成を目指す資質・能力の３つの視点とは？ 015
Q.4 特別活動で働かせる「見方・考え方」とは？ 016
Q.5 特別活動の教育効果を確実に上げる学習過程とは？ 018
Q.6 特別活動と学級経営はどのような関係？ 020
Q.7 特別活動と学力はどのような関係？ 024
Q.8 特別活動がキャリア教育の要とされているのはどうして？ 028
Q.9 全体計画及び各活動・学校行事の年間指導計画作成のポイントは？ 030
Q.10 新年度の学級経営の工夫～学級活動では何をする？～ 034
Q.11 年度末には、各活動・学校行事でどのような活動をする？ 036
Q.12 特別活動の学習評価のポイントは？ 038
コラム 特別活動における小中連携のポイント 040

第2章　学級活動 041

学級活動の目標と内容 042
Q.13 学級活動ではどのような力が育つの？ 043
Q.14 学級活動（1）はどのような内容？ 044

Q.15 学級活動（1）はどのように指導するの？ …… 045
Q.16 発達の段階ごとの指導のポイントは？ …… 046
Q.17 よりよい合意形成を図る話合いにするには？ …… 048
Q.18 45分間の学級会を有意義なものにするコツは？ …… 050
Q.19 いろいろな議題案が集まるようにするには？ …… 052
Q.20 係活動の組織づくりはどうすればよい？ …… 054
Q.21 1年生の係活動の指導のポイントは？ …… 055
Q.22 係活動を活性化するにはどうしたらよい？ …… 056
Q.23 集会活動の指導のコツは？ …… 058
Q.24 学級活動（1）で学んだことを次に生かすためには？ …… 060
コラム 子供たちが学級としての成長や一体感を感じる工夫は？ …… 061
実践1 年度初めの学級経営と関連させた学級活動(1)の実践 …… 062
千葉県八千代市立大和田小学校
実践2 児童の思いを大切にした学級活動（1）の実践 …… 070
北海道札幌市立北野平小学校
Q.25 学級活動（2）はどのような内容？ …… 074
Q.26 学級活動（2）はどのように指導するの？ …… 076
Q.27 学級活動（2）を効果的に指導するには？ …… 078
コラム ティーム・ティーチングについて …… 079
実践3 ティーム・ティーチングを活用した学級活動（2）の実践 …… 080
千葉県千葉市立更科小学校
実践4 第1学年における「上手な歯の磨き方」の実践 …… 084
沖縄県那覇市立松川小学校
Q.28 学級活動（3）はどのような内容？ …… 088
Q.29 学級活動（3）はどのように指導するの？ …… 090
Q.30 学級活動（3）を効果的に指導するには？ …… 091
Q.31 学級活動（3）での効果的な「キャリア・パスポート」の活用とは？ …… 092

「キャリア・パスポート」実践例①
富山県氷見市立比美乃江小学校 …… 096
「キャリア・パスポート」実践例②
京都府京都市立岩倉北小学校 …… 098
実践5 最高学年に向けて意識を高める学級活動（3）の実践 …… 100
京都府京都市立松陽小学校
実践6 委員会活動を通して、働くことについて考える
学級活動（3） …… 104
東京都新宿区立落合第三小学校

第3章　児童会活動・クラブ活動 …… 109

児童会活動・クラブ活動の目標と内容 …… 110
Q.32 児童会活動ではどのような力が育つの？ …… 112
Q.33 児童会活動はどのように指導するの？ …… 114
Q.34 児童主体の代表委員会を実現するには？ …… 115
Q.35 自発的、自治的な委員会活動に必要なことは？ …… 116
Q.36 児童会集会活動の指導のポイントは？ …… 118
Q.37 全校児童の児童会活動への参画意識を高めるには？ …… 119
実践7 主体的な組織づくりを生かした実践
図書委員会「読書月間での取組について考えよう」 …… 120
東京都北区立西浮間小学校
実践8 「新しい生活様式」下でのICT活用
企画委員会「学校クイズ大会をしよう」 …… 124
熊本県熊本市立帯山西小学校
Q.38 クラブ活動ではどのような力が育つの？ …… 128
Q.39 クラブ活動にはどのような意義があるの？ …… 130
Q.40 クラブ活動の内容を改善・充実させるポイントは？ …… 131
Q.41 クラブ活動を充実させる取組の工夫とは？ …… 132
実践9 地域の伝統文化を「学び、つなぐ」クラブ活動 …… 136
青森県弘前市立岩木小学校
コラム 特別活動におけるICTの効果的な活用 …… 140

第4章　学校行事 141

学校行事の目標と内容 142

Q.42 学校行事ではどのような力が育つの？ 144

Q.43 学校行事の指導のポイントは？ 145

Q.44 学校行事において体験活動が重要なのはなぜ？ 146

Q.45 新しい生活様式の中で学校行事を実施するには？ 148

実践10 代表委員会や学級活動との関連を図り、
児童がつくる運動会 150
徳島県那賀郡那賀町立相生小学校

実践11 児童と教師が力を合わせてつくった文化的行事
「ひみのえ祭」 154
富山県氷見市立比美乃江小学校

実践執筆者・ご協力者 158

第1章

総論

1 特別活動が学校教育で果たす役割って何？

子供たちが学校生活において楽しみにしている活動の多くが特別活動です。特別活動は単なる思い出づくりの場ではなく、各内容の特質を生かし、子供たちの資質・能力を育成するようにします。

学校教育の中で特別活動に含まれるものとは

小学校の特別活動は、学級活動、児童会活動、クラブ活動及び学校行事から構成されています。各内容の指導によって育まれた資質・能力は、子供たちがよりよい集団生活を送る上での基盤となる力であり、社会に出てからも生きて働く力となります。特別活動で育む力は、実生活や実社会で活用できる汎用的な力であり、将来の様々な集団での生き方につながっています。

●内容の関連性

特別活動で育まれる能力は、内容ごとではなくそれぞれが関連し合って育成されます。例えば、学級活動（1）で育まれる「集団の生活上の課題を話し合い、合意形成を図る力」は、児童会活動やクラブ活動、学校行事にも生かされます。

●活動範囲の変化

ライフステージによって、子供が活躍する場は広がっていきます。小学校低学年段階では学級が主な活動の場ですが、中学年、高学年になるごとに学年、学校と広がります。さらに中学校・高等学校と学校種が上がるにつれ、活動範囲は地域、社会などに拡大していき、身に付けた能力を発揮する場が増えていきます。

●内容の発展性

発達の段階、学校種が上がるにつれて、特別活動の内容は発展していきます。例えば、小学校の学級活動での経験や学びが中学校の学級活動に生かされ、高等学校におけるホームルーム活動に発展的につながっていきます。そうして、身に付けた資質・能力は社会人になっても、職業生活や家庭生活を支える基盤としての集団の関わりの中で発揮されます。

このように特別活動で育成を目指す資質・能力は、実生活や実社会で活用できる汎用的な力であり、下の図のように発達の段階に即した学習活動や経験の積み重ねが生かされ、スパイラルに発展していく中で育まれていきます。

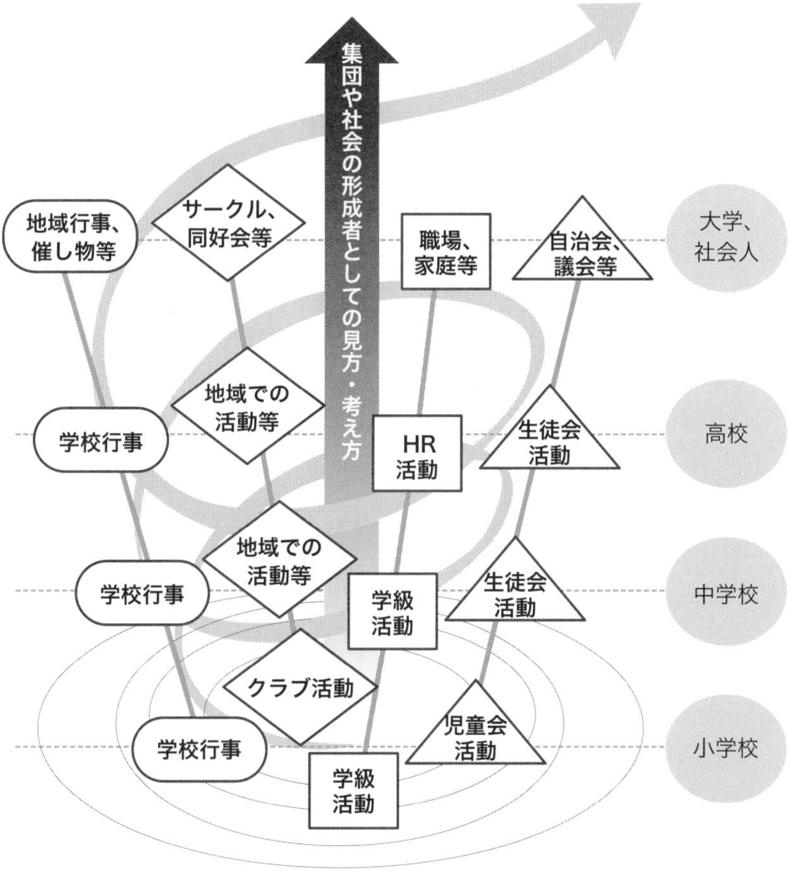

参考資料：「幼稚園、小学校、中学校、高等学校及び特別支援学校の学習指導要領等の改善及び必要な方策等について(答申)」(平成 28 年 12 月 21 日)

2 特別活動の目標には、何が書いてあるの？

特別活動において「集団や社会の形成者としての見方・考え方を働かせて」「集団や自己の課題を解決する活動を通して」「資質・能力を育成する」ことが示されています。

特別活動で育成を目指す資質･能力の明確化

特別活動においては、多様な集団活動の中で、「思考力、判断力、表現力等」を活用しながら他者と協力して実践することを通して、「知識及び技能」が実感を伴って体得され､活動を通して得られたことを生涯にわたって積極的に生かそうとする「学びに向かう力､人間性等」が育成されます。

学習指導要領では、特別活動の目標を次のように示しています。

集団や社会の形成者としての見方・考え方を働かせ、様々な集団活動に自主的、実践的に取り組み、互いのよさや可能性を発揮しながら集団や自己の生活上の課題を解決することを通して、次のとおり資質･能力を育成することを目指す。

「知識及び技能」（何を知っているか、何ができるか）

多様な他者と協働する様々な集団活動の意義や活動をする上で必要となることについて理解し、行動の仕方を身に付けるようにする。

- 集団でなくては成し遂げられないことや、集団で行うからこそ得られる達成感があることなど、集団と個の関係について理解すること
- 集団活動のよさや社会の中で果たしている役割、自己の在り方や生き方との関連で集団活動の価値を理解すること
- 基本的な生活習慣、学校生活のきまり、社会生活におけるルールやマナーなど、学級活動⑵で取り上げる題材について理解し、実践できる

ようにすること
- 学ぶことの意義や現在及び将来の自己の生活の課題と自己実現のつながりを考え、課題解決に向けて意思決定し、行動することの意義や、そのために必要となること、大切にしなければならないことなどを理解すること
- 将来、自立した生活を営むことと現在の学習がどのように関わるかということを理解し、現在、自分でできることを意思決定し、実践していくこと

「思考力、判断力、表現力等」（知っていること、できることをどう使うか）

集団や自己の生活、人間関係の課題を見いだし、解決するために話し合い、合意形成を図ったり、意思決定したりすることができるようにする。

- 人間関係をよりよく形成していくために、様々な場面で、自分自身及び自分と違う考えや立場にある多様な他者と、互いを認め合いながら、助け合ったり、協力し合ったり、進んでコミュニケーションを図ったり、協働したりしていくこと
- 集団をよりよいものにしたり、社会に主体的に参画したりしていくために、自分自身や他者のよさを生かしながら、集団や社会の問題について把握し、合意形成を図ってよりよい解決策を決め、それに取り組むこと
- 現在及び将来に向けた自己実現のために、自己のよさや可能性を発揮し、置かれている状況を理解し、それを生かしつつ意思決定すること
- 情報を収集・整理し、興味・関心、個性の把握などにより、将来を見通して自己の生き方を選択・形成すること

「学びに向かう力、人間性等」（どのように社会・世界と関わり、よりよい人生を送るか）

自主的、実践的な集団活動を通して身に付けたことを生かして、集団や社会における生活及び人間関係をよりよく形成するとともに、自己の生き方についての考えを深め、自己実現を図ろうとする態度を養う。

- 多様な他者の価値観や個性を受け入れ、助け合ったり協力し合ったりして、よりよい人間関係を築こうとする態度
- 集団や社会の形成者として、多様な他者と協働して、集団や生活上の諸問題を解決し、よりよい生活をつくろうとする態度
- 日常の生活や自己の在り方を主体的に改善しようとしたり、将来を思い描き、自分にふさわしい生き方や職業を主体的に考え、選択しようとしたりする態度

特別活動における「主体的・対話的で深い学び」の実現に向けた授業改善

以上の資質・能力の育成を目指し、特別活動では以下のような学びとなるよう、授業改善に努めましょう。

特別活動における「主体的・対話的で深い学び」の実現に向けた授業改善

主体的な学び

学校や学級の実態，自己の現状に即して自ら課題を見いだし，解決方法を実践したり振り返ったりしながら，生活をよりよくしようとしていくこと。

対話的な学び

生活上の課題を解決するために合意形成を図ったり，意思決定したりする話合いの中で様々な意見に触れ，考えを広げたり多面的・多角的に考えたりすること。

深い学び

「集団や社会の形成者としての見方・考え方」を働かせながら，問題の発見，課題の設定から振り返りまでの一連の活動を繰り返す中で，各教科等の特質に応じた「見方・考え方」を総合的に生かし，知識・技能などを集団及び自己の問題の解決に活用していくこと。

出典：特別活動指導資料『みんなで、よりよい学級・学校生活をつくる特別活動（小学校編）』（国立教育政策研究所）5ページより引用

3 特別活動において育成を目指す資質・能力の３つの視点とは？

今次の学習指導要領において、これまで特別活動が教育課程上果たしてきた役割を踏まえ、「人間関係形成」「社会参画」「自己実現」の３つの視点で目標や内容が整理されました。

特別活動における３つの視点

特別活動において育成することを目指す資質・能力については、「人間関係形成」「社会参画」「自己実現」の３つの視点を踏まえて特別活動の目標及び内容を整理し、各活動と学校行事を通して育成する資質・能力を明確化しました。この３つの視点が、育成を目指す資質・能力に関わるものであると同時に、それらを育成する学習過程においても適切に発揮できるようにすることが大切です。なぜなら、特別活動の方法原理が「なすことによって学ぶ」ことにあるからです。

また、３つの視点はそれぞれ重要ですが、相互に関わり合っていて、明確に区別されるものでもないことにも留意しましょう。

３つの視点のイメージ図

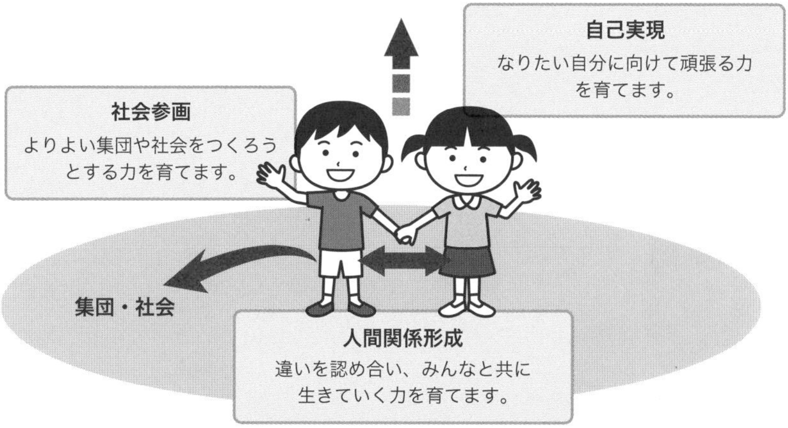

4 特別活動で働かせる「見方・考え方」とは？

『小学校学習指導要領解説　特別活動編』（以下、解説）では、特別活動の特質に応じた見方・考え方として、「集団や社会の形成者としての見方・考え方」を示しました。これは、学校生活の中だけで生きるものではなく、子供たちが社会に出て、生活していくに当たっても重要な働きをするものです。

見方・考え方とは

平成29年の学習指導要領の改訂では、全ての教科等の目標に「見方・考え方を働かせる」ことが位置付けられました。「見方・考え方」とは、各教科等の特質に応じた、各教科等ならではの物事を捉える視点や考え方であり、各教科等を学ぶ意義の中核をなすものです。

特別活動における「見方・考え方」

特別活動の特質が、課題を見いだし、解決に向けて取り組むという実践的な学習であるということや、各教科等で学んだことを実際の生活において総合的に活用して実践するということにあることから考えて、特別活動の特質に応じた見方・考え方を「集団や社会の形成者としての見方・考え方」と示しました。「集団や社会の形成者としての見方・考え方」を働かせるということは、各教科等の見方・考え方を総合的に働かせながら、自己及び集団や社会の問題を捉え、よりよい人間関係の形成、よりよい集団生活の構築や社会への参画及び自己の実現に向けた実践に結び付けるということです。

例えば、学級会では「いろいろな意見が出されたけれど、学級のみんなにとってよりよいものはどれかな」という見方や考え方を働かせます。

特別活動と各教科等の往還を生かしたよりよい学び

各教科等の「見方・考え方」を特別活動でも働かせると同時に、特別活動の「見方・考え方」を各教科等の学びにも生かしていきます。また、各教科等で身に付けた資質・能力を特別活動で生かすとともに、特別活動で身に付けた資質・能力を各教科等の学びに生かします。こうした往還の関係を意識しましょう。

特別活動を通じた学校生活全体の基盤づくり
・学級・学校づくり
・人間関係形成や社会参画、自己実現に必要な力

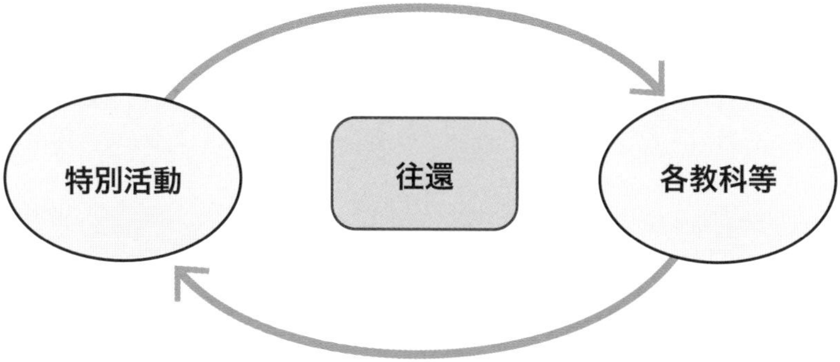

各教科等の学びを生かした特別活動の実践
・各教科等で身に付けた資質・能力を、特別活動で生かす
・自己の生活や進路、キャリアに学校での学びを
　どう生かすのかという振り返りを行う。

出典:教育課程部会　特別活動ワーキンググループ(第４回)　配付資料(平成28年２月)より一部変更して引用

特別活動と道徳科を道徳教育の「両輪」として子供の心を育む

従来、特別活動は道徳的実践の場として、道徳教育や特別な教科　道徳と密接な関係であるとされてきました。今次の学習指導要領でも「〈前略〉第３章特別の教科道徳の第２に示す内容について、特別活動の特質に応じて適切な指導をすること」とその関係を明確に示しています。

例えば、道徳科の内容項目Ｂ［友情、信頼］やＣ［勤労、公共の精神］の授業を通して育まれた内面的資質である道徳性が、特別活動における学校行事（運動会など）で具体的な道徳的行為として発揮されるなど、特別活動は、道徳的実践の重要な学習活動の場として位置付けられており、道徳科の授業で学んだ道徳的価値の理解及びそれに基づいた自己の生き方についての考えを、特別活動における実践活動や体験活動を通して実感させたり、体得させたりすることができるのです。

したがって、子供の心を育んでいくためには、特別活動と道徳科を両輪として、それぞれの特質を生かして適切に関連を図り、学校全体で道徳教育を推進していくことが大切です。

5 特別活動の教育効果を確実に上げる学習過程とは？

特別活動の全体目標に示された「様々な集団活動に自主的、実践的に取り組み、互いのよさや可能性を発揮しながら集団や自己の生活上の課題を解決する」を実現する、資質・能力を育成するための学習過程を計画しましょう。

3つの視点を踏まえた目標設定

中央教育審議会答申（平成28年12月21日）の中で、特別活動において育成を目指す資質・能力の視点が次のように示されました（赤字は筆者）。

> 特別活動においては、「なすことによって学ぶ」ということが重視され、各学校で特色ある取組が進められている一方で、各活動において身に付けるべき資質・能力は何なのか、どのような学習過程を経ることにより資質・能力の向上につながるのかということが必ずしも意識されないまま指導が行われてきた実態も見られる。特別活動の時間において育成する資質・能力だけでなく、特別活動が各教科等の学びの基盤となるという面もあり、教育課程全体における特別活動の役割、機能も明らかにする必要がある。

このような課題を解決し、特別活動の一層の充実を図るために、今次の『小学校学習指導要領解説　特別活動編』では、特別活動で育成を目指す資質・能力を「人間関係形成」「社会参画」「自己実現」の3つの視点で整理しました。また、このことを踏まえた学習過程を内容ごとに示しています。各学校では、各教科等との関連を意識しながら、この3つの柱を参考に目標を設定し、計画を立て、実施する必要があります。

学校の特色を生かしたカリキュラム・マネジメント

学校の教育活動の質の向上を図るためには、教育課程に基づき組織的かつ計画的に取組が行われる必要があります。各学校においては、自校の実態に即して、子供たちに育みたい資質・能力を明確にするとともに、学校教育目標や校長の学校経営方針の下、相互に連携しながら、各学校の特色を生かしたカリキュラム・マネジメントを行うことが求められます。

特別活動は基本的な学習過程を繰り返すことで子供たちの資質・能力を育成していくものですが、ただ単に繰り返すのではなく、振り返りやこれまでの学びを生かし、目標をもって取り組むことができるようにすることが大切です。それぞれの学習過程において、どのような資質・能力を育もうとするのかを明確にした上で、意図的・計画的に指導に当たったり、全ての教職員で共通理解を図ったりして、学校全体で同じ方向を向いて子供たちを育んでいくことで、成果が上がるのです。

子供が主体的に取り組む特別活動を

特別活動では、学級や学校における集団活動を通して、生活上の諸課題を見いだし解決できるようにすることが大切です。例えば、学級や学校の実態、自己の現状に即して、自ら課題を見いだしたり、解決方法を決めて自主的に実践したり、その取組を振り返り、よい点や改善点に気付いたりできるような学習過程となるようにすることが挙げられます。そうした学習過程を通すことによって、集団や自己の新たな課題の発見や目標の設定が可能となり、生活をさらによりよくしようという次の活動への動機付けとなるなど、子供の主体的な学びが可能になります。

6 特別活動と学級経営はどのような関係？

学級経営は学級における様々な教育活動の成果が上がるような諸条件を整備し運営していくものであるとともに、よりよい生活や人間関係をつくり、よりよい学級集団を育成していくものでもあります。学習指導要領第1章総則を受け、第6章特別活動において、「学級活動における自発的、自治的な活動を中心として、学級経営の充実を図ること」が明確に示されています。

学級経営とは

学級経営とは「学級という場において、一人一人の児童生徒の成長発達が円滑にかつ確実に進むように、学校経営の基本方針の下に、学級を単位として展開される様々な教育活動の成果が上がるよう諸条件を整備し運営していくこと」です（生徒指導提要より一部抜粋、傍線は筆者）。

学級経営の内容は、教材研究や授業教材の作成などの授業経営や、生徒指導の充実、望ましい学級集団づくり、教室環境の整備など、多岐にわたりますが、一番の基盤となるのが、総則に示されているように「教師と児童との信頼関係及び児童同士のよりよい人間関係」を構築することです。

学級活動(1)を中心とした学級経営の充実

小学校学習指導要領　第1章総則　第4の1（1）

学習や生活の基盤として、教師と児童との信頼関係及び児童相互のよりよい人間関係を育てるため、日頃から学級経営の充実を図ること〈後略〉。

学級経営の充実については、学習指導要領の総則に明記されるとともに、特別活動の第3指導計画の作成と内容の取扱いにおいて、「学級活動における児童の自発的、自治的な活動を中心として、各活動・学校行事を相互に関連付けながら、個々の児童についての理解を深め、教師と児童、児童相互の信頼関係を育み、学級経営の充実を図ること」と示されています。

これまでも小学校の総則と特別活動には学級経営の充実が示されていましたが、今次の学習指導要領では教科担任制である中学校の総則と特別活動にも明記されました。このことは子供たちの学校生活の充実のためには学級経営の充実が欠かせないことを示しています。

学級活動における自発的、自治的な活動とは、学級活動（1）のことです。学級集団がよりよく育まれている学級は、「教室の雰囲気が明るく穏やかで温かい」「子供たちの仲がよく互いを尊重し合っている」などの姿が見られます。学級がよりよい生活集団や学習集団へと向上するためには、教師が学級経営の充実を図り、意図的、計画的に指導を行うだけでなく、教師の適切な指導の下、子供たちが自らよりよい学級や学校の生活を築くための問題を発見し、集団としての意見をまとめる話合い活動や、話合いで決まったことを協力して実践する活動である学級活動（1）の実践が欠かせないのです。

学級生活の充実と向上のために友達と協力して活動したり、違いを尊重したりするなど、子供たちが互いのよさや可能性を発揮して、自らよりよい生活や人間関係をつくることができるようにすることが大切です。そして教育課程上そうしたことを担っているのが特別活動であることから、「学級活動における児童の自発的、自治的な活動」を中心とした学級経営の充実が求められています。

データで見てみよう

平成 24 年度小学校学習指導要領実施状況調査　結果

児童 みんなで話し合って、なかよく楽しい学級にしている

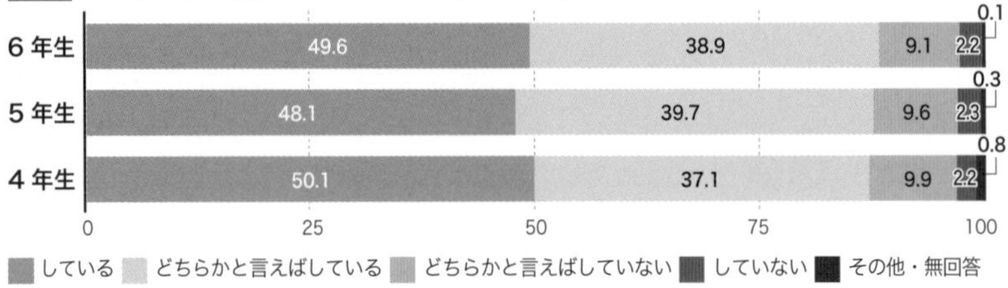

教師 児童は、協力してよりよい学級生活や人間関係を築いていますか

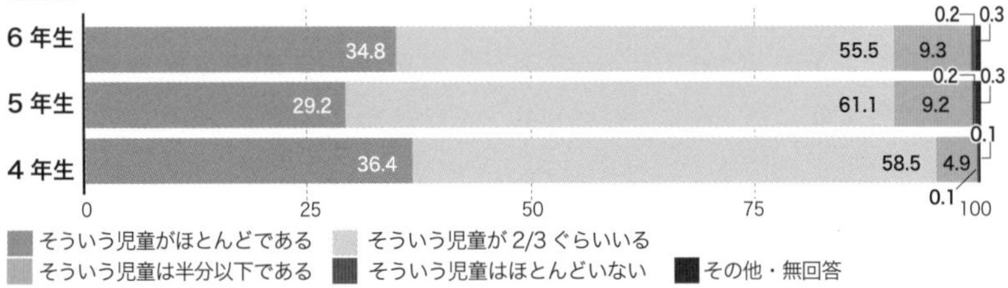

出典：小学校学習指導要領実施調査（平成 24･25 年）より一部変更して抜粋

特別活動を通して学びに向かう学習集団をつくる

平成24年度の学習指導要領実施状況調査において、特別活動では、質問紙調査（児童及び教師）を行いました。その中で、各教科のペーパーテストの結果とのクロス集計をとったところ、特別活動に関する児童質問紙調査に肯定的な回答をしている子供が多い学級ほど、全ての教科においてペーパーテスト調査の平均正答率が高い傾向が見られました。また、教師質問紙調査で肯定的な回答をしている教師の指導を受けている学級ほど、同様の傾向が見られました。

このことから、特別活動を通したよりよい生活や人間関係づくりは、需要的な雰囲気や学級への目標を達成しようとする意欲や態度を醸成し、学力と相互に関係していると考えられます。また、学級活動における自発的、自治的な活動の充実を図ることで、互いを尊重し、多様な考えを生かして合意形成を図ったり、協働して実践したりすることにより、共感的な土壌や支持的な風土が醸成されると言えます。それにより、グループ学習等の協働的な学習の基盤となるよりよい人間関係が構築され、学びに向かう学習集団がつくられます。

学級目標の設定例

学級目標は、学校教育目標を踏まえ、子供たちの思いや、保護者の願い、そして教師の指導目標を踏まえて設定します。そして、学級活動（3）アの題材「○年生になって」の授業で子供一人一人が「なりたい○年生」になるために頑張ることを意思決定します。

下記は、3年生の学級の学級目標です。上記の手順を踏まえ「最後まであきらめずに学び続ける子　優しい心で友達と仲よくできる子　いつでも元気に運動できる子」と設定しました。

学校教育目標
よく遊び、よく学ぶ子

児童の思い
「こんな3年生になりたい」
- 下学年を助けてあげられるようになりたい
- 助け合える3年生になりたい
- もっと運動ができるようになりたい
- やるときはやる3年生になりたい

など

保護者の願い
「こんな3年生になってほしい」
- 自分に自信がもてる子
- 自分から学べる子
- 積極的にチャレンジできる子
- 「ありがとう」が言える子
- 優しく、健康な子

など

↓

学級目標
最後まであきらめずに学び続ける子
優しい心で友達と仲よくできる子
いつでも元気に運動できる子

学級目標を設定後、上記の子供の思いと保護者の願いを並べて教室に掲示しました。また、子供が「学級みんなでこんなことがやりたい」と考えたことを一人ずつ書き出して、同じく掲示をし、1年間の学級生活に希望がもてるようにしました。

（千葉県八千代市立大和田小学校）

7 特別活動と学力はどのような関係？

OECDによる生徒の学習到達度調査や、文部科学省が実施している全国学力・学習状況調査において、特別活動を通したよりよい生活や人間関係づくりが学力と関係していることが明らかになっています。

学級の雰囲気と学力向上

OECDによる「生徒の学習到達度調査(PISA2003)」において、数学的リテラシー得点の学校質問紙・生徒質問紙の結果及び調査問題との関連を調べたところ、「学級の雰囲気が良好であるほど得点が高くなる」ことが明らかになっています。

特別活動の実践を通して様々な集団活動を経験することで、互いに支え合い、よさや頑張りを認め合う、思いやりと優しさがある学級風土がつくられ、学びに向かう学習集団がつくられるのです。

全国学力・学習状況調査の結果から

全国学力・学習状況調査において、小学校特別活動に関しては、児童質問紙及び学校質問紙調査を実施し、児童質問紙では、第6学年の児童を対象として、学級活動（1）及び（2）（3）に関わる取組について（26ページ質問32、33)、学校質問紙において学級活動における合意形成と意思決定の指導について（27ページ質問34、35）調査を実施しました。これらの結果からも、学校が楽しいと学習意欲が高まるということが分かります。

学級活動をはじめとした話合い活動を中核に据えて、互いのよさや可能性を発揮するような望ましい集団活動を展開し、特別活動の目標の実現を図るとともに、特別活動の指導と学級経営、各教科等における協働的な学びを支える人間関係づくりなど、さらなる指導の充実を図る必要があります。

研究校の実践より

栃木県那須塩原市立東原小学校の研究を始める前の子供たちの実態は、

数名の子供を中心とした授業妨害や授業放棄、対教師暴力があり、子供たちの規範意識やコミュニケーション能力が低いだけでなく、自尊感情も低い状況でした。教師は個々の問題行動への対応に追われ、疲労感が高まっていました。

全教職員は「子供たちを変えたい」という思いの下、学校を挙げて特別活動における話合い活動に取り組むことを決め、学級活動の授業研究に着手したそうです。学級活動の授業研究を中心にし、子供たちの手による学級・学校生活の充実・向上を目指して研究をスタート。平成21年度から元文部科学省視学官の宮川八岐先生のご指導を受け、7年間研究を継続して実践しました。

「子供たちにとって居がいのある学校をつくること」「他者との関わりを重視すること」「互いに認め合える温かい学級をつくること」を大切にして、学級活動（1）の実践に全校で取り組んだ結果、「話合いをすればするほど子供たちが変わっていく」ことを実感したそうです。

実践の積み重ねにより「集団生活のルールを守る力」「人の話を聞く力」「人の思いを素直に聞き入れる力」「自分の思いや考えを素直に相手に伝える力」が身に付いたそうです。また、子供同士に親和的・協力的な関係が育ち、集団活動に意欲的に取り組み、学習意欲も向上。その結果、学力も向上しました（例えば、平成19年度にはマイナス16ポイントだった国語Bは、平成27年度の調査ではマイナス1ポイントに、マイナス13.6ポイントだった算数Bはプラス0.6ポイントに向上）。学級活動に学校全体で取り組み、実践を積み重ねたことにより、「自分たちの学級・学校生活を自分たちでよりよいものにする」という意識が高まったことも学習意欲につながったと言えるでしょう。

さらに、規範意識や自己有用感が育ち、いじめや不登校児童数も減少したそうです。

本事例は、中央教育審議会教育課程部会特別活動ワーキンググループ（第1回平成27年11月～）において、次期学習指導要領に係る特別活動の改善充実について検討時の資料の一つとなりました。

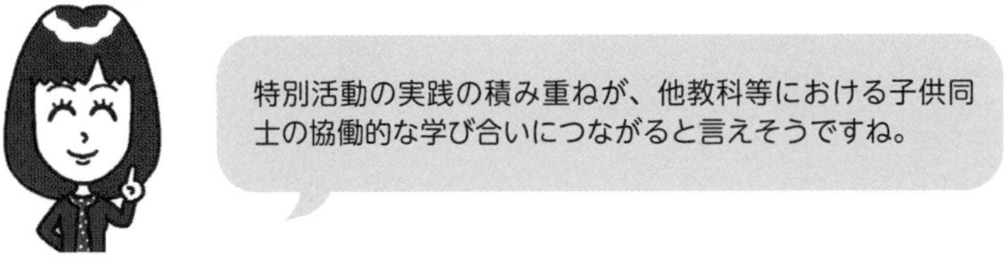

データで見てみよう

平成31年 文部科学省 全国学力・学習状況調査 クロス集計（一部抜粋）

●児童質問紙と学力（国語と算数の平均正答率）のクロス集計

質問32　あなたの学級では、学級生活をよりよくするために学級会で話し合い、互いの意見のよさを生かして解決方法を決めていると思いますか。

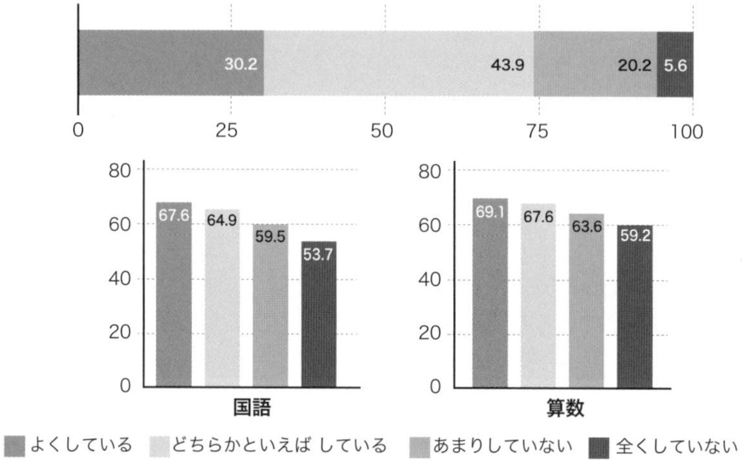

質問33　学級活動における学級での話合いを生かして、今、自分が努力すべきことを決めて取り組んでいると思いますか。

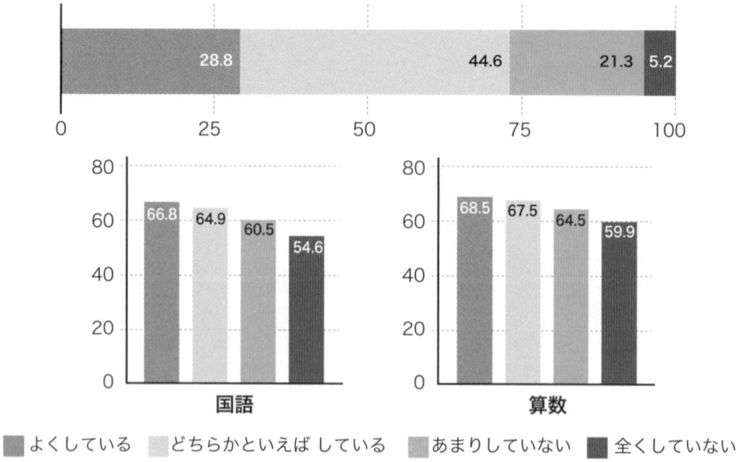

●学校質問紙と学力（国語と算数の平均正答率）のクロス集計

質問 34　学級生活をよりよくするために、学級会で話し合い、互いの意見のよさを生かして解決方法などを合意形成できるような指導を行っていますか。

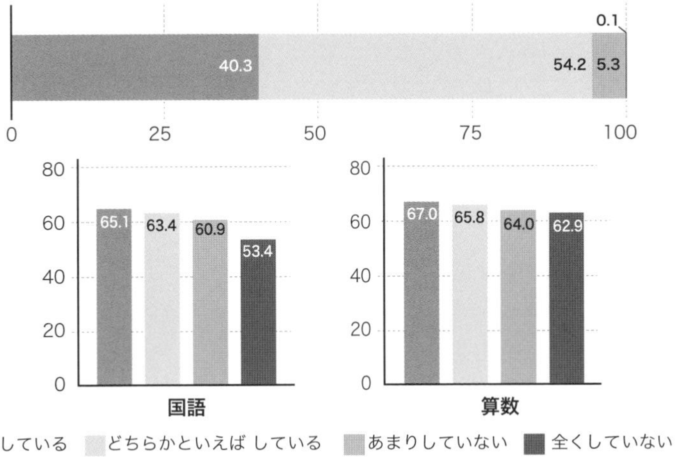

質問 35　学級活動の授業を通して、今、努力すべきことを学級での話合いを生かして、一人一人の児童が意思決定できるような指導を行っていますか。

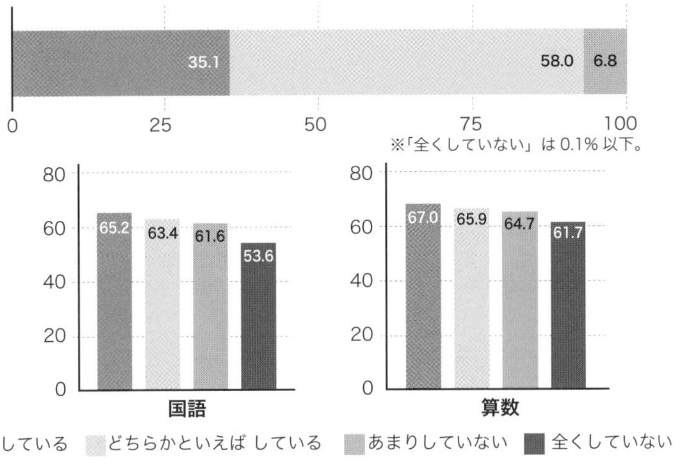

出典：国立教育政策研究所「平成 31 年度（令和元年度）　全国学力・学習状況調査　報告書・調査　結果資料　より一部変更して抜粋

8 特別活動がキャリア教育の要とされているのはどうして？

各教科等の特質に応じて行われているキャリア教育を関連付けたり、これからの学びや自己の生き方を見通して、これまでの学校生活や家庭生活等における学びを振り返り、自己の将来や社会につなげたりするためです。

特別活動を「要」としたキャリア教育

複雑で変化の激しい社会の中で求められる能力を育成するという視点から、中央教育審議会答申（平成28年12月、以下「答申」と略記）では「幼稚部、小学部の段階から、学校や社会の中で自分の役割を果たしながら、自分らしい生き方を実現していく過程であるキャリア発達を促すキャリア教育の視点を示すことが必要である」「キャリア教育を学校教育全体で進めていく中で特別活動が果たす役割への期待も大きい」と示されました。

答申を受け、今次の学習指導要領では、これまで高等学校の総則だけに示されていたキャリア教育の充実が、小・中学校の総則にも示され、特別活動が学校教育全体で行うキャリア教育の「要」であることが明確に示されました。

> **小学校学習指導要領　第１章総則　第４の１（3）**
>
> 児童が、学ぶことと自己の将来とのつながりを見通しながら、社会的・職業的自立に向けて必要な基盤となる資質・能力を身に付けていくことができるよう、特別活動を要としつつ各教科等の特質に応じて、キャリア教育の充実を図ること。

また、小学校の学級活動に「⑶一人一人のキャリア形成と自己実現」を設け、小・中・高等学校のキャリア教育の視点からの系統性を明確にしました。

キャリア形成とは「社会の中で自分の役割を果たしながら、自分らしい生き方を実現していくための働きかけ、その連なりや積み重ね」です。キャリア教育は学校教育全体で行うという前提の下、これからの学びや自己の生き方を見通し、これまでの活動を振り返るなど、各教科等における学習だけではなく、学校生活や家庭生活での学びを自己の将来や社会につなげていくための「要」として、特別活動が位置付けられたのです。

基礎的・汎用的能力

基礎的・汎用的能力とは、分野や職種にかかわらず、社会的・職業的自立に向けて必要な基盤となる能力です。

自発的、自治的な活動を固有の役割とする特別活動は、これまでもキャリア教育が求める基礎的・汎用的な能力の育成に強く関わってきました。特別活動で育成を目指す資質・能力の視点である「人間関係形成」「社会参画」「自己実現」は基礎的・汎用的能力と重なる点が多く、特別活動の目標の実現に向けた活動を積み重ねることが、社会的・職業的自立に不可欠な資質・能力を育成することになるのです。

基礎的・汎用的能力	人間関係形成・社会形成能力
	自己理解・自己管理能力
	課題対応能力
	キャリアプランニング能力

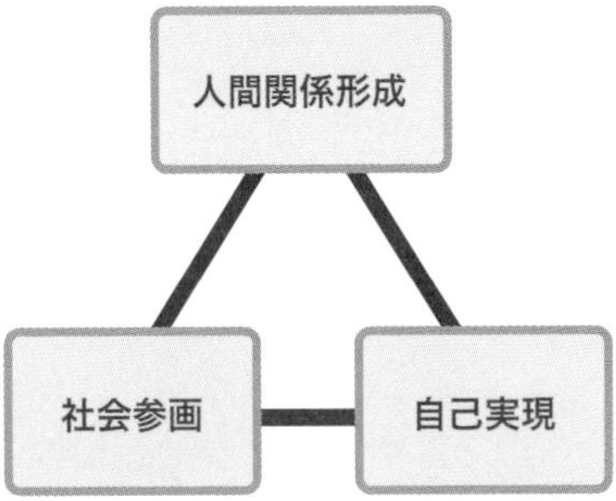

参考資料：平成 30 年「キャリア教育の推進」（文部科学省）

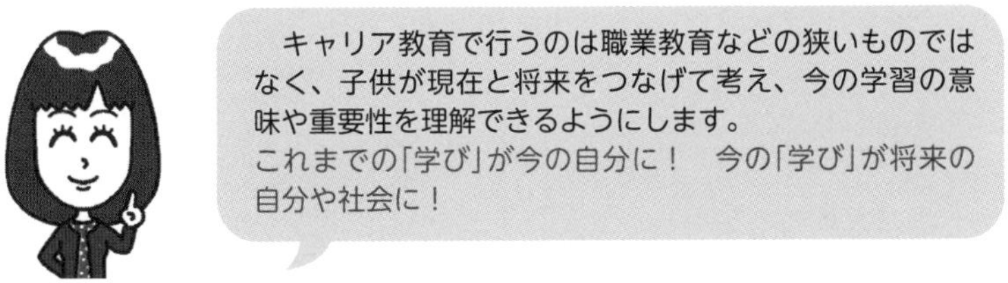

9 全体計画及び各活動・学校行事の年間指導計画作成のポイントは？

特別活動の全体目標と各活動・学校行事の目標の関係を踏まえて、それぞれの活動の特質を生かした指導計画となっているかどうかを確認します。

また、それらを全教職員が共通理解し、協力体制が確立されるようにしましょう。

特別活動の全体計画及び各活動・学校行事の年間指導計画の作成

特別活動を通して育成を目指す資質・能力を明確にし、教育課程における特別活動の果たす役割を理解した上で実践を行うには、各学校での特別活動の全体計画及び年間指導計画の作成が欠かせません。

特別活動の全体計画及び各活動・学校行事の年間指導計画の作成については、学習指導要領第６章特別活動第３の１の（2）において、次のように示しています。

> 各学校においては特別活動の全体計画や各活動及び学校行事の年間指導計画を作成すること。その際、学校の創意工夫を生かし、学級や学校、地域の実態、児童の発達の段階などを考慮するとともに、第２に示す内容相互及び各教科、道徳科、外国語活動、総合的な学習の時間などの指導との関係を図り、児童による自主的、実践的な活動が助長されるようにすること。また、家庭や地域の人々との連携、社会教育施設等の活用などを工夫すること。

全体計画に示す内容には、例えば、学校としての特別活動の重点目標や特別活動に充てる時数、各教科等との関連、設置する委員会やクラブの組織、実施する学校行事などの各活動・学校行事の目標や指導の方針、特別活動を推進する組織などが考えられます。

この特別活動の全体計画に基づいた具体的な指導計画が、各活動・学校行事の年間指導計画です。各学校においては、カリキュラム・マネジメントの視点で全体計画を見直す必要があります。

次に各活動・学校行事の年間指導計画の見直しについて、学級活動の年間指導計画に視点を当てて考えてみましょう。

学級活動の年間指導計画作成

学級活動は、内容（1）～（3）それぞれの特質の違いを踏まえた年間指導計画となるようにするとともに、学習指導要領に示された内容は全て、いずれの学年においても取り扱うものであることに留意します。

学級活動における自主的、実践的な活動の経験は、児童会活動やクラブ活動などにおける活動の基盤となることから、発達の段階に応じて子供による自主的な活動が十分に行われるように工夫するようにしましょう。

学級活動の年間指導計画を確認する際には、次のポイントを押さえましょう。

- 学級活動(1)の議題例、(2)ア～エ及び(3)ア～ウの全ての題材が示されているか。
- 各内容の配分を工夫し、学級活動(1)の充実を図っているか。(低学年は学校生活への適応が大切であることから学級活動(2)が多くなるが、学級活動(2)(3)に充てる時数には限りがあることに留意し、学年が上がるにつれ、学級活動(1)に充てる時数を十分に確保できるようにする)
- 年度初めに「○年○組よろしくねの会」を取り入れるなど、時期に合った適切な配置がされているか。
- 学級活動(2)(3)については、学級や学校、児童の実態を踏まえ、発達の段階に即して取り上げる内容の重点化を図り、系統的な計画となっているか。
- 内容相互や各教科等の指導、日常の生活との関連を図っているか。
- 家庭や地域の人々との連携、社会教育施設等の活用などを工夫しているか。

年間指導計画に示されている議題例が毎年同じなどということがないよ

うに、1年間の各学級の実践を特別活動部会などの組織を活用して集めて検討し、子供たちの実態や育成したい資質・能力に合った、学校の創意工夫を生かした計画にすることが望まれます。

学級活動における適切な議題選定と題材設定

一単位時間の指導計画について考えてみましょう。改善を図る必要があるのは、学級活動（1）における「適切な議題選定」と「話し合うことの重点化」です。また、学級活動（2）（3）においては、自己の生活上の課題解決につながる題材であるかどうかを見直す必要があります。

以下のポイントを踏まえ、毎時間の指導計画を工夫しましょう。

- 一単位時間を使って話し合う必要のある内容になっているか。
- 時間内に話合いを終わらせることに目がいき「本当に子供たちはこれを実践したいのか」と疑問になるような、深まりのない話合い活動になる恐れはないか。
- 一人一人が意思決定をし、問題を解決するべき学級活動(2)（3)において、学級みんなで取り組むことを決めていないか。
- 扱う題材の内容の重点化や系統性が図られておらず、異なる学年で同じような内容を扱ってはいないか。
- 事前、事後の指導の充実や、家庭との連携が図られているか。

特別活動指導資料『みんなで、よりよい学級・学校生活をつくる特別活動（小学校編)』（国立教育政策研究所）（以下、特別活動指導資料）には、各活動・学校行事の年間指導計画の例や作成の仕方についても掲載しているので、ぜひ参考にしてください。

学級活動の年間指導計画（4年生の例）

Points
目安となる時間数を明確に示す。

学級活動の内容		学級活動（1）【24 時間】	学級活動（2）（3）【(合計で 11 時間】		児童会活動学校行事等の予定
	予想される議題例	指導上の留意点	題材	●指導上のねらい・留意点	● 入学式 ● 始業式 ● 離任式 ● 1年生を迎える会 ● 避難訓練
4月	〈1学期の議題例〉 ●「どうぞよろしくの会」をしよう ● 係を決めよう	学級会の指導 計画 ● オリエンテーションを実施し、学級会の意義や進め方、計画委員会の役割等について理解できるよう指導する。	● 4年生になって (3) ア ※(2) イと関連を図る	● 4年生の学習や生活を知り、個人のめあてを設定し、生活への希望がもてるようにする。	
5月	● 学級の歌を決めよう ● 学級のボールの使い方のきまりを決めよう。	● 適切な議題を自分たちで選び、提案できるよう視点を示す。 ● 計画委員が自主的に準備できるよう活動計画作成の手順を具体的に示す。	● 感染症の予防 (2) ウ 養護教諭との TT	● 健康への関心をもち、進んで予防しようとする態度を育てる。 ● 具体的な予防方法が考えられるよう経験を基にした話合いを取り入れる。	

Points
学級活動（2）（3）は系統性に留意し、月ごとの題材が明確になるように示し、指導のねらいや留意点も記載する。

Points
学級活動（1）では、発達の段階に即した議題例を学期ごとに示す。

Points
養護教諭や栄養教諭との TT を明確に示し、連携した授業展開になるよう工夫する（79 ページ）。

出典：「『指導と評価の一体化』のための学習評価に関する参考資料　小学校　特別活動」（国立教育政策研究所）80 ページより、一部変更して引用

10 新年度の学級経営の工夫 ～学級活動では何をする？～

子供たちが期待と不安を抱えて迎える新年度。まずは子供たちとの出会いづくりが大切です。学級活動のよりよい実践を通して、教師と子供の信頼関係、子供同士の人間関係を築くことができるようにします。

教師と子供の信頼関係、子供同士の人間関係づくり

子供たちが「今年のクラスは楽しそうだな」「今年も頑張るぞ」といった、新しい学級生活への期待や意欲を高めたり、前向きな気持ちになったりするような出会いとなるようにします。例えば次のような工夫が考えられます。

①黒板掲示の工夫

- 「ようこそ○年○組へ」などの歓迎のメッセージを黒板に書いておく。
- 黒板にイラストを描いたり、花紙で作った花を飾ったりして、楽しそうな雰囲気をつくる。

②教師の自己紹介の工夫

- 事前に名前部分を空欄にして黒板に自己紹介を書いておき、当日、子供たちの前で書き入れながら自己紹介を行う。
- 名前や趣味にまつわる先生クイズを出す。
- 自分の名前の頭文字に合わせて、明るく表情豊かに自己紹介を行う。
  (例)　あ：明るく元気で　べ：勉強はちょっとだけ好き　など

③目標づくりの工夫

- 学級活動(3)の題材「○年生になって」などで子供たちの「こんな○年生になりたい」という思いと、教師の思い、保護者の願いを踏まえて学級目標を設定します。詳しくは、23ページや学級活動(3)の実践を参考にしてください。

④学級集会活動の工夫

- 学級活動(1)で、「どうぞよろしくね会」「仲よくなろう会」などを話し合って実践し、子供同士が関わることのできる場を設ける。

⑤学級の組織づくりの工夫

- 日直などの当番活動の仕事内容や分担を明確にする。
- 中学年以上であれば、係活動は学級生活を楽しくするために、みんなで創意工夫して活動するものであることを話す。

以上のような取組は、学級活動（1）や（3）で行います。

「どうぞよろしくね会」などの集会活動や、係決めの話合いは、子供たちの人間関係づくりや社会参画意識を高めることに大きく関わります。可能であれば年度当初の１週間でどちらも実施できるとよいでしょう。

上記に加え、短い時間で自己紹介ゲームや「私は誰でしょうクイズ」などを行うことも効果的です。まずは教師が主体となって子供たちを巻き込んでいき、自分もこの学級の一員であることが実感できるようにします。

これまで積み重ねられた記録から、子供たちを把握する

「キャリア・パスポート」を含めた子供が蓄積した資料に目を通すことで、子供の活動の姿だけでなく、子供たちのよさや頑張りが見えてきます。昨年度、たとえ手がかかって大変だったと前の学級担任から聞いたとしても、フラットな目で子供たちを見て、子供が希望や目標をもって新しい学級生活に向かえるようにしましょう（「キャリア・パスポート」については、92～99ページをご参照ください）。

特別活動の積み重ねがない子供たちへの指導

特別活動は経験の差が子供によって顕著で、学年が上がっても経験の積み重ねが少なく、教え直しになるケースが少なくありません。高学年であっても経験が少ない場合は、丁寧に指導を行う必要があります。まずは子供たちの実態を把握した上で、特別活動指導資料や、『小学校学習指導要領解説　特別活動編』第３章第１節３（8）の「ウ　発達の課題を踏まえる」などを参考にしながら指導を行いましょう。

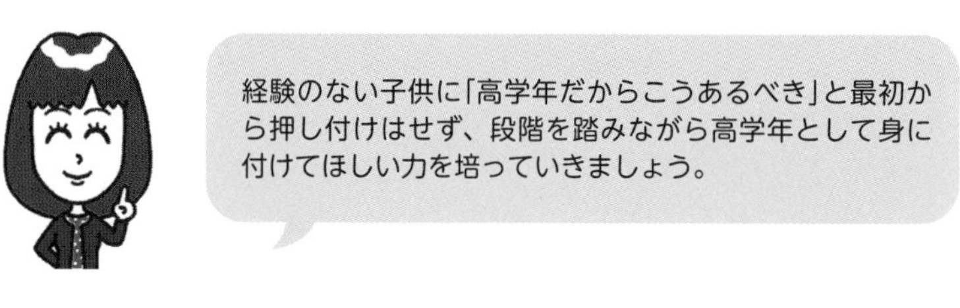

11 年度末には、各活動・学校行事でどのような活動をする？

学校や学級の取組を子供たちとともに振り返り、成長や思い出を共有し、次の学年への意欲につながるような取組をしましょう。
各活動・学校行事ごとに、これまでの成果と課題が明らかにすることが大切です。

次年度に向け、学校全体で取り組むこと

次年度に向けて学校として取り組みたいこととして、以下のようなことが考えられます。

- 学校として育成を目指す資質・能力の明確化
- 全体計画・年間指導計画の見直し（32・33 ページを参照）
- 評価の観点と趣旨の見直し

これらの取組のために、まずは各活動・学校行事における自学級や自校の取組を振り返り、成果と課題を明らかにして、4月からの実践に生かすようにしましょう。

個々の教師が各活動・学校行事で取り組むこと

次に、個々の教師が取り組みたいことを内容ごとにまとめました。以下のような取組を行い、それを全教職員にフィードバックすることで、前述の「学校全体で取り組むこと」がより充実します。

●学級活動

学級活動（1）「○年○組思い出集会をしよう」「○年生でもがんばろう集会をしよう」、学級活動（3）「もうすぐ○年生」など、これまでの学級・学校生活を振り返り、互いのよさや頑張りに改めて気付くとともに、新しい学年や学校に希望や夢をもって進級・進学することができるようにしましょう。集会活動を行う際には、今年度最後の学級集会活動であることか

ら「何のために行うか」をきちんと共通理解した上で話し合って実践し、単なるお楽しみ集会にならないように留意したいものです。

●児童会活動

この時期の取組として、「6年生を送る会」が一番大きなものであると考えられますが、代表委員会や各委員会でも、1年間の活動を振り返り、次年度につなげるものや改善すべきことを明確にして、委員会活動ファイルなどを活用してきちんと引き継ぐようにすることが大切です。

●クラブ活動

2月に実施している学校もあるかもしれませんが、「クラブ発表会」や第3学年の「クラブ見学」が考えられます。クラブ見学やクラブ発表会は、次年度のクラブへのオリエンテーションの場でもあることから、しっかりと時間を確保しましょう。また、活動計画に基づき、これまでの活動をメンバー全員で振り返り、次年度に生かすようにします。

●学校行事

年間指導計画に基づき、「校内美化活動」「卒業式」などの取組が考えられます。学校行事においても、やりっぱなしにせず、振り返りで明らかになった課題を次の学級活動などの取組に生かすようにしましょう。

学校行事については、実践後に教職員によかった点や改善点などを書いてもらうなどして、学校全体で振り返り、次年度の年間行事計画に生かしましょう。

	項　目	チェック欄
事前の活動	学級活動コーナーを作って，学級会の「議題」や「話し合うこと」などを掲示し，すぐに使えるようにしている。	
	計画委員会（司会グループ）を輪番制にしている。	
	学級会の前に計画委員会を開いて，適切に議題選定等ができるよう指導している。	
	司会進行マニュアルを作り，計画委員会で話合いの流れを検討したり，必要に応じて練習したりする時間を確保している。	
	「話し合うこと」は1単位時間かけて話し合う価値のあるものを設定している。	
	議題箱や提案カードを置いて，児童がすぐに提案できるようにしている。	
	学級会の前に，児童が学級会ノートを記入するようにしている。	
	提案理由等に沿って自分の考えが書けているか確認し，必要に応じて個別に指導している。	
本時の活動	「決まっていること」を確認してから，話合いを始めている。	
	司会の児童への助言は，学級全体に向けた助言となるようにしている。	
	話合いが混乱したときや人権を侵害するような発言があったときは，すぐに指導している。	
	友達の意見をしっかり聞いたり，つなげて発言したりするように指導している。	
	話型を掲示するなど，理由を明確にして自分の意見を発表できるように指導している。	
	「出し合う」「くらべ合う」「まとめる（決める）」話合いの流れを明確にして指導している。	
	少数の意見も大切にしながら，学級全体の合意形成を図るように助言している。	
	終末の「先生の話」で，例えば三つの点（前回の学級会と比べてよかったこと，次回の学級会に向けての課題，司会グループへのねぎらい）について話し，実践への意欲を高めている。	

国立教育政策研究所刊行の特別活動指導資料『みんなで、よりよい学級・学校生活をつくる特別活動（小学校編）』には、指導の振り返りチェックリストが掲載されています。振り返りの参考にしてください。

出典：特別活動指導資料『みんなで、よりよい学級・学校生活をつくる特別活動（小学校編）』（国立教育政策研究所）70ページより引用

12 特別活動の学習評価のポイントは？

各学校で観点を定めて、学校全体で共通理解を図っておきましょう。また、子供たちが自信をもったり、意欲を高めたりすることにつながる評価となるようにします。

特別活動の学習評価の改善

特別活動においては、特別活動の特質と学校の創意工夫を生かすということから、学校の設置者（国や地方公共団体）ではなく、「各学校で評価の観点を定める」としています。

子供や地域の実態により、各学校において特色ある活動が展開されている特別活動においては、各学校で評価の観点を定めることにより、各学校として育成を目指す資質・能力を明確にし、学校全体で共通理解を図り、組織を生かして指導に当たることが求められています。

各学校においては、学習指導要領に示された特別活動の目標及び内容を踏まえ、自校の実態に即し、平成31年3月29日の「小学校、中学校、高等学校及び特別支援学校等における児童生徒の学習評価及び指導要録の改善等について（通知）」（以下、改善等通知と省略）の例示を参考に観点を作成し、指導要録にも記載しましょう。特別活動は各教科のように教科書がなく、学習指導要領の中で「知識及び技能」等について具体的な内容を示していません。したがって、各学校においては、評価の観点についても、単なる「知識・技能」ではなく、「どのような知識・技能を育成するのか」が明確になるように、具体的に示すようにすることが考えられます。

例えば、改善等通知における評価の観点を基に作成したり、特別活動における資質・能力の視点（人間関係形成・社会参画・自己実現）を基に重点化を図ったりして設定することが考えられます。国立教育政策研究所刊行の「『指導と評価の一体化』のための学習評価に関する参考資料」の28・29ページに具体的な観点の例を示しているので、参考にしてください。

具体的な観点の例

- 知識・技能
  →よりよい生活を築くための知識・技能
  　集団や社会に参画するための知識・技能
- 思考・判断・表現
  →集団や社会の形成者としての思考・判断・表現
  　協働してよりよい生活や人間関係を築くための思考・判断・表現
- 主体的に学習に取り組む態度
  →主体的に生活や人間関係をよりよくしようとする態度
  　主体的に目標を立てて共によりよく生きようとする態度

学習評価のポイント

- 子供たち一人一人のよさや可能性を積極的に評価する。
- 「十分満足できる活動の状況」とは子供のどのような姿を示すのかを検討し、学校全体で共通理解を図る。
- 「目指す児童の姿」に照らして、十分満足できる活動の状況が見られた場合には、指導要録に○を付ける。

組織を生かした評価のポイント

- 子供のよさや進歩の状況などをどのように捉えるかなどについて、学校全体で共通理解を図る。
- 委員会活動など、特別活動は学級担任以外の教師が指導や評価を行うことが多いため、教師相互の話合いや情報交換を積極的に行うなど、組織的、計画的に行う。

学習過程における評価の観点の重点化

- 特別活動では子供同士の話合いを大切にしていることから、本時の展開においては「思考・判断・表現」に重点をおいて評価する。
- 評価の際、その議題や題材に即して具体的な「目指す児童の姿」を複数設定し、「十分満足できる活動」であるかどうかを適切に見取るようにする。

ここもチェック！
『指導と評価の一体化』のための学習評価に関する参考資料
URL…https://www.nier.go.jp/kaihatsu/shidousiryou.html
新学習指導要領に対応した学習評価（NITS（独立行政法人教職員支援機構））
URL…https://www.nits.go.jp/materials/youryou/056.html

●コラム●

特別活動における小中連携のポイント

小・中学校の系統的な指導の重視

小学校と中学校の特別活動の目標はほとんど同じです。このことは、特別活動の指導の系統性や連続性が重視されていることを示しています。

また、中学校学習指導要領の第５章特別活動の第２の３(1)において、「２の(1)の指導に当たっては、集団としての意見をまとめる話合い活動など小学校からの積み重ねや経験を生かし、それらを発展させることができるよう工夫すること」と明記されました。このように、育成を目指す資質・能力を踏まえ、小学校段階においてしっかり資質・能力を育み、その学びを中学校につなぐことができるようにすることが大切です。その際、「キャリア・パスポート」も学校種を越えて子供たちの学びをつないでいく上で活用するものです。

特別活動における小中連携の手立ての例として、児童会と生徒会で合同の挨拶運動や、小中合同の地域清掃などに取り組んでいる学校は多いかもしれません。しかし、単なる情報交換会や児童生徒が一緒に活動する交流だけでなく、資質・能力をつなぐことが大切です。そこで次のような取組が考えられます。

- 単に教科等の授業を参観するのではなく、特別活動における基盤である「学級活動の授業」を小・中学校で互いに参観し、研究協議を行い、同じ中学校区としての学級活動や子供たちの実態、具体的な手立てについて話し合う。その際、事前に授業を参観する上での視点を明確にし、研究協議を行うことでより効果的なものにする。
- 小学校の先生が司会グループを担当し、小・中学校の先生方で模擬学級会を行う。
- 年間指導計画における９年間の系統性を明確にする。
- 中学校区として特別活動や学級活動で育成を目指す児童像を明確にし、共通理解を図った上で、発達の段階や児童生徒の実態に合った手立てを検討する。

大切なことは、子供たちの資質・能力を９年間で系統的に育成することを教職員全体で共通理解を図り、共通指導を行うことです。

第2章

学級活動

第２章　学級活動

社会で生きていく上での、全ての基盤になる力を育てる特別活動の要の時間

学級活動

1. 目標

学級や学校での生活をよりよくするための課題を見いだし、解決するために話し合い、合意形成し、役割を分担して協力して実践したり、学級での話合いを生かして自己の課題の解決及び将来の生き方を描くために意思決定して実践したりすることに、自主的、実践的に取り組むことを通して、第１の目標に掲げる資質・能力を育成することを目指す。

（「小学校学習指導要領」第６章特別活動）

2. 内容

(1)学級や学校における生活づくりへの参画

P044へ

(2)日常の生活や学習への適応と自己の成長及び健康安全

P074へ

(3)一人一人のキャリア形成と自己実現

P088へ

学級活動の内容は、子供たちがこれからの社会で生きていく上で、特別活動の各内容・学校行事の基盤になるものです。内容を再確認し、確実に指導を積み重ねましょう。

Q13 学級活動では どのような力が育つの？

(1)で自治的能力、(2)、(3)で自己指導能力や自己実現につながる力を育みます。

学級活動の目標に示されていること

目標における「学級や学校での生活をよりよくするための課題を見いだし、解決するために話し合い、合意形成し、役割を分担して協力して実践」は、学級活動（1）における学習過程を示しています。具体的には、学級・学校生活や人間関係をよりよく改善するために、学級として取り組むことを話し合って合意形成すること、そして、合意形成したことについて、必要な役割や仕事を決めたり、それらを全員で分担したりするとともに、協力して実践することです。

一方、目標における「学級での話合いを生かして自己の課題の解決及び将来の生き方を描くために意思決定して実践」の部分は、学級活動（2）、(3)の学習過程を示しています。「学級での話合いを生かして」「意思決定して実践」することとは、教師の適切な指導の下に、話合いを通して自己の具体的なめあてや実践方法を一人一人が意思決定し、粘り強く努力して実践することを示しています。

このように、学級全体に関わる生活上の課題を取り上げ、集団として合意形成を図る学級活動（1）と、子供一人一人が自己の学習や生活を改善するために、個人としてのめあてや具体的な実践目標を意思決定する学級活動（2）、(3）という特質の違いを、目標の中でも明らかにしています。本時の授業においても、学級活動の各活動の特質を踏まえた実践となるようにすることが大切です。

Q14 学級活動(1)はどのような内容?

子供たちが学級や学校での生活をよりよくするために話し合い、合意形成をして実践する自発的、自治的な活動です。

学級活動(1)の内容

学級活動(1)「学級や学校における生活づくりへの参画」は、子供たちが学級や学校での生活をよりよくするための課題を見いだし、解決するために話し合い、合意形成し、役割を分担して協力して実践する自発的、自治的な活動であり、自治的能力を育成するものです。学習指導要領では、全学年を通じて次の３つの内容で構成されています。

ア　学級や学校における生活上の諸問題の解決

学級や学校における生活をよりよくするための課題を見いだし、解決するために話し合い、合意形成を図り、実践すること。

イ　学級内の組織づくりや役割の自覚

生活の充実や向上のため、児童が主体的に組織をつくり、役割を自覚しながら仕事を分担して、協力し合い実践すること。

ウ　学校における多様な集団の生活の向上

児童会など学級の枠を超えた多様な集団における活動や学校行事を通して学校生活の向上を図るため、学級としての提案や取組を話し合って決めること。

学級活動(1)で育成を目指す資質・能力の例

- 学級や学校の生活上の諸問題を話し合って解決することや、他者と協働して取り組むことの大切さを理解し、合意形成の手順や活動の方法を身に付けるようにする。(知識及び技能)
- 学級や学校の生活をよりよくするための課題を見いだし、解決するために話し合い、多様な意見を生かして合意形成を図り、協働して実践することができるようにする。(思考力、判断力、表現力等)
- 生活上の諸問題の解決や、協働し実践する活動を通して身に付けたことを生かし、学級や学校における人間関係をよりよく形成し、他者と協働しながら日常生活の向上を図ろうとする態度を養う。(学びに向かう力、人間性等)

Q15 学級活動（1）は どのように指導するの？

話合いでは提案理由を踏まえてよりよく合意形成を図ること、実践では協働することを重視して指導します。

学級活動（1）の学習過程

学級活動（1）では、基本的な学習過程を「①問題の発見・確認」「②解決方法等の話合い」「③解決方法の決定」「④決めたことの実践」「⑤振り返り」としています。

学級活動（1）における自発的、自治的な活動の経験は、児童会活動やクラブ活動などにおける活動の基盤となるものです。各学校においては、一連の学習過程を大切にして、子供たちによる主体的で協働的な活動が十分に行われるように工夫することが求められます。

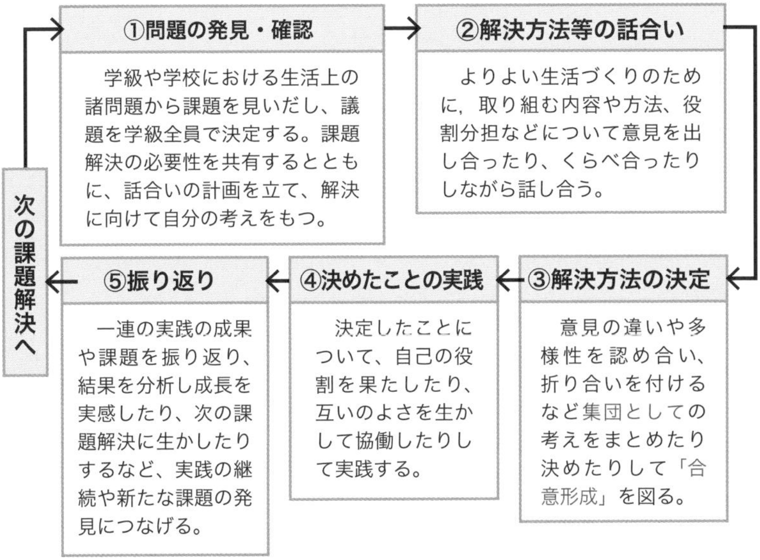

出典：『小学校学習指導要領解説　特別活動編』（文部科学省）

Q16 発達の段階ごとの指導のポイントは？

低学年で一連の学習の流れをつかみ、段階的によりよく合意形成を図ることができるように指導しましょう。

各学年段階の配慮事項を押さえる

学級活動においては、子供たちの実態や発達の段階を踏まえ、系統的な指導となるようにします。

学習指導要領では、〔学級活動〕の内容の取扱いの中で、各学年段階で特に配慮する事項について次のように示しています。

〔第１学年及び第２学年〕

話合いの進め方に沿って、自分の意見を発表したり、他者の意見をよく聞いたりして、合意形成して実践することのよさを理解すること。基本的な生活習慣や、約束やきまりを守ることの大切さを理解して行動し、生活をよくするための目標を決めて実行すること。

〔第３学年及び第４学年〕

理由を明確にして考えを伝えたり、自分と異なる意見も受け入れたりしながら、集団としての目標や活動内容について合意形成を図り、実践すること。自分のよさや役割を自覚し、よく考えて行動するなど節度ある生活を送ること。

〔第５学年及び第６学年〕

相手の思いを受け止めて聞いたり、相手の立場や考え方を理解したりして、多様な意見のよさを積極的に生かして合意形成を図り、実践すること。高い目標をもって粘り強く努力し、自他のよさを伸ばし合うようにすること。

発達の段階ごとの具体的な留意事項

学級活動の中の特に学級活動（1）における発達の段階ごとの指導の留意事項として、具体的に以下のような内容が考えられます。

低学年「基本的な話合いの進め方を理解し、合意形成の意義を体感する」

学級会で教師が司会役になって話合いを進めたり、黒板記録役になって出された意見を分類・整理したりして、基本的な話合いの進め方を理解できるようにし、教師の助言を受けながら発表の仕方や意見の聞き方などを身に付けることができるようにしましょう。

そして、学級みんなで話し合って合意形成を図り、みんなで実践して、そのよさを実感できるようにします。話合いで決まったことをすぐに実践することによって、合意形成の意義を体感することができることから、特に低学年では、一単位時間の中で、前半の時間で話し合い、後半の時間を使って決めたことを実践することも有効です。

中学年「『自分もよく、みんなにもよい』を意識し、実践できるようにする」

理由を明確にした分かりやすい発言、自分と異なる意見の受容、公平な判断ができるように特に配慮しましょう。また、提案理由を踏まえ、自分もよく、みんなもよいものとなるよう合意形成を図り、決まったことをみんなで協力し実践できるように適切な指導をすることが大切です。なお、自分の考えと異なる意見に決まっても、気持ちよく協力することを学級の約束としておき、「みんなで協力したからこそうまくいった。楽しい集会活動になった」などのように、実践を通して理解できるよう指導する必要があります。

高学年「創造的な合意形成を図ることができるようにする」

高学年の指導では、意見の背景にある相手の立場や考え方を理解できるように特に配慮することが大切です。また、「○○さんの意見のこういうところはとてもよいと思うけれども、こういうところが心配だから、こうしたらどうだろう」などのように、出された意見を基にして、組み合わせたり、よいところを取り入れて新たな考えを生み出したりするなど、創意工夫を生かして合意形成を図ることができるようにしていきましょう。

Q17 よりよい合意形成を図る話合いにするには？

板書を工夫したり、事前に意見を出し合う段階を行ったりして話合いを深めることが大切です。

よりよい合意形成を図るためには、しっかりと話合いが行えるようにすることが大切です。その実現のためには様々な工夫がありますが、まずは板書の工夫と事前の指導の充実について考えてみましょう。

板書の工夫

板書は、子供たちの思考を整理し、よりよく決めることができるようにするものです。短冊を操作したり、賛成・反対マークを活用したりするなど、話合いの過程や状況が分かるようにします。

話合いに応じて短冊を活用するなど、子供たちの思考を可視化し、似た意見はまとめるなどの分類・整理を行ったり、小見出しを付けたりすることで視点が明確になり、意見をくらべやすくなります。分類・整理の仕方については、初めは教師が「この中で似ているものはないかな」などと子供たちに呼び掛け、低学年のうちから視点を明確にして話し合うことにより、「くらべやすく、決めやすくなる」ことを実感し、次第に自分たちで気付き、分類・整理して話し合うことができるようになります。こうしたことは、「知識及び技能」として子供たちがしっかり身に付け、各教科等の話合い活動においても活用できるようにしていくことが大切です。

提案理由については、多くの学校で提案理由の大切な部分にマーカーを引いたり、キーワードにまとめて示したりして、視点を明確にして話し合いが行われるようになりました。しかし、ただ単に「提案理由に合っているから」というだけではよりよいものを決めることはできません。さらに一歩進めて、提案理由を踏まえた上で、「自分にとっても、学級みんなにとってもよい考えはどれか」について考え、その理由を明確にして発言することができるようにしていきたいものです。

何のための話合いかを意識して話し合っているか

先生方から多く寄せられる悩みの一つに、学級会が時間内に終わらないというものがあります。子供たちは実践するために話し合っているのであり、話合いが上手になるために学級会を行っているのではないことに留意することが大切です。子供たちが気付くまで待ったり、決まらなかったからと言って同じ議題で何度も話し合ったりするのではなく、提案理由や話合いのめあてを基に、何のために話し合うのか、何のための実践かを共通理解し、自分事として話し合うことができるようにする必要があります。

そのためには、次の2 点を押さえることも大切です。

- 発達の段階や子供たちの学級会の経験から、話し合うことや決まっていることを適切に設定する。
- 合意形成の仕方の例を示す際には、最初から「合意形成にはこういうやり方があります」と教えてしまうのではなく、子供たちの話合いの状況に合わせて、「今回は二つの意見のよいところを考えて合体することができたね」などのように、よかったことやできたことを明確にして掲示し、次の話合いに生かすことができるようにする。

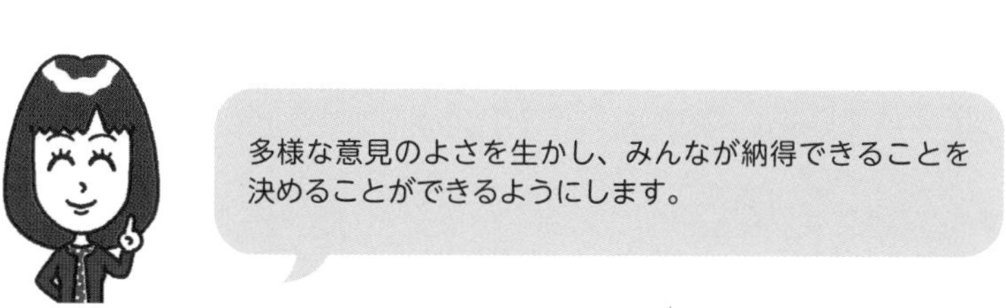

Q18 45分間の学級会を有意義なものにするコツは？

必要感のある議題が選定されていること、他者の意見を尊重する学級風土がつくられていることが大前提です。

子供たちにとって、必要な議題か

「学級会でなかなか意見が出ない」「意見を言う子供が限られている」という悩みをよく聞きます。「自分の考えをもてない」のか「意見が発表できない」のかによって手立ては異なりますが、学級活動（1）の話合いの基盤として、次の２点を押さえることが大切です。

- 子供たちにとって必要感のある議題が選定されている。
- 他者の意見に耳を傾けたり、受け入れたりする学級の共感的な土壌や支持的風土がつくられている。

その上で、特別活動と各教科等が往還の関係にあることを踏まえ、発達の段階に合わせて「話し方・聞き方」の系統的な話型をつくって掲示し、各教科等で活用したり、各教科等で小グループの代表としてみんなの前で発表する役割を輪番制にしたりするなど、発表の場や機会を適切に設定することが大切です。

教師から、子供が「話し合いたい」と思える声掛けをしているか

「学級会ノートに何を書いてよいのか分からない」など、自分の考えをもてない子供に対しては、参考となるものを示す方法もあるでしょう。

そのほかには、次のような手立てが考えられます。

- 話合いですから、必ずしも自分の出した意見に決まるとは限りません。決まらなかった意見や賛成のなかった意見についても、板書の途中で

消してしまったり、短冊を外してしまったりせずに大切に扱い、「意見を出してくれたから、よりよく決めることができた」などのように称賛し、次への意欲につなげることが大切です。

- 終末の助言で、よかった発言を伝えるだけが教師の出番ではありません。指導計画に基づいて、本時を通して子供たちのどのような資質･能力を育成するかを意識して指導することが求められます。子供たちの話合いをただ黙って見ているような、「見守る」という名の「放任」にならないように留意しましょう。

事前の指導の充実

話し合う時間を確保するために、意見を「出し合う」段階を事前に行っておくことも考えられます。その際、短冊に書いて黒板に貼っておくだけではなく、それぞれの意見について朝の会や帰りの会などを活用して共通理解を図ったり、給食の時間に話題にしたりすることで「くらべ合う」段階での話合いが深まり、よりよい合意形成につながります。

なお、合意形成を図ることは、全会一致することと同意義ではありません。「実践するための話合い」であることをしっかり意識し、意見の違いを大切にして様々な解決の方法を模索するなどプラス思考の話合いを展開し、「自分にとっても、みんなにとってもよい」ことを決めることができるようにすることが大切です。

合意形成　　　　**全会一致**

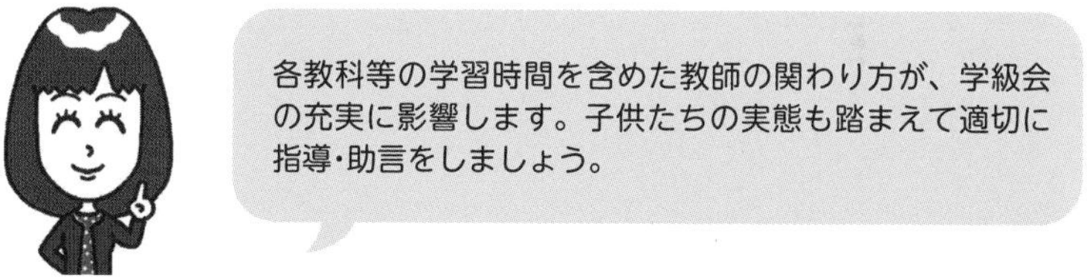

Q19 いろいろな議題案が集まるようにするには？

「みんなで話し合って、みんなで決めて実践すると楽しい」ということを実感する体験を積み重ねていくことが大切です。

議題案を集める工夫

「議題箱を置いたのに議題案が提案されない」「お楽しみ会のような集会ばかりになってしまう」「全員に議題案を書かせたのに同じような議題案しか集まらない」といった悩みもよく聞きます。子供たちの経験が少なければ、議題はどうしてもお楽しみ会のような集会活動に偏りがちになります。

また、学級に愛着をもち、自分たちの学級の生活をよりよいものにしたいという意識が高まっていなければ、自分たちの学級生活に目を向けることも、生活上の諸問題に気付くことも難しくなります。

そこで議題を集める工夫として、例えば次のようなことが考えられます。

- 特別活動に限らず、日ごろから多様な他者と関わったり、協働したりする学習場面を設定して仲を深めるようにし、「この学級の生活や人間関係をよりよいものにしたい」という思いが高まるようにする。

- 低学年の段階から学級会を行い、「みんなで話し合ってみんなで決めて、みんなで協力して実践すると楽しい。学級の生活がよりよくなる」ということを実感できるようにする。

- 議題案が集まらないときは、必要に応じて多様な議題例を示したり、教師の経験を話したりして、子供たちが参考にすることができるようにする。

- 「学級会で話し合ったこと」など、積み重ねが分かる資料を作成して昇降口や階段など多くの子供が見ることができる場所に掲示し、他学級や他学年の実践を参考にすることができるようにする。

- 事前から事後までを見通した議題となるようにし、実践場面をイメージして学級会ノートを書いたり、話し合ったりすることができるようにする。

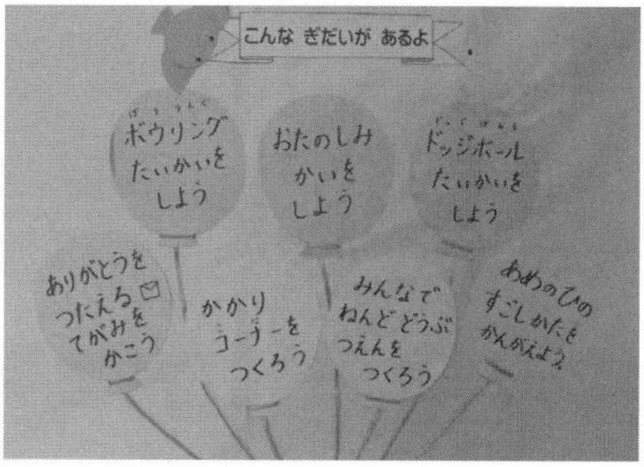

2年生の学級での議題例の掲示物です。発達の段階にあった議題例を掲示し、参考となるようにしています。

きらピカ意見メモ

経験が少ないと、なかなか事前に自分の考えをもつことが難しい子供もいます。そこで、学級担任のとき、背面黒板に「きらピカ意見メモ」というコーナーを作り、学級会で話し合うことについて、子供たちが思い付いたことを自由に書くことができるようにしたことがありました。

子供たちは、そのメモを参考にして、事前に学級会ノートに自分の考えを書いたり、友達の考えを知ったりすることで、自分と同じ考えの友達がいることに安心し、発言する際の自信や意欲につなげたり、新たな気付きに生かしたりすることができていました。

Q20 係活動の組織づくりはどうすればよい？

全てを子供任せにするのではなく、係活動の意義を意識して活動できるように指導することが大切です。

係活動の組織づくりの基本

係活動は、子供たちが話し合って係の組織をつくり、全員でいくつかの係に分かれて自主的に行う活動であり、子供たちの力で学級生活を豊かにすることをねらいとしています。自治的な活動という特質を押さえ、必要な係や人数を教師が決めてしまうことがないようにします。創意工夫を生かして活動できるように促しましょう。

①オリエンテーションの実施

- 係の意義を理解できるようにする。
- 発達の段階を踏まえた仕事例などを示す。

②係の設定

- 係活動の経験を踏まえ、生活をより豊かにする係を設定する。
- 係名は、活動内容が理解でき、親しみやすいものになるようにする。

③各係への所属の決定

- 「所属したい」、「頑張りたい」といった希望を優先して所属を決定する。
- 同じ係への希望が多い場合は、譲り合ったり、係を二つに分けたりするよう助言する。

③活動計画の立案

- 係ごとにめあて、活動内容などを明確にした活動計画を立て、係ポスターを作って係活動コーナーに掲示したり、発表したりする。

Q21 1年生の係活動の指導のポイントは？

みんなの役に立つ仕事を見付けることから始め、一人一役から徐々に係活動に移行していきましょう。

まずは一人一役の仕事見付けから

1年生は「お仕事見付け」から始めましょう。どの学級でも、日常生活の中で、先生の仕事を手伝いたいという子供がいると思います。「○○さんがその仕事をしてくれたから、学級のみんなが過ごしやすくなった」ことなどを伝えて称賛することで、子供の意欲を高め、自主的、実践的な活動につなげるとともに、学級内のほかの仕事にも目を向けることができるようになります。

また、一人一役的なことから始め、一人だと不便なことや何人かで協力する必要性に気付かせていき、4月下旬頃までには学級会で話し合って係を決めましょう。低学年であっても、経験を積み重ねるにしたがって創意工夫を生かし、協力して取り組めるような係の活動を増やしていくようにします。そのためには、係活動の発表会などを設けることが大切です。

以下に、『小学校学習指導要領解説　特別活動編』の「学級活動（1）の学年の発達の段階に即した指導のめやす」から、係活動を紹介します。

1年生入門期	学級生活にとって必要な仕事を見つけて自分から進んで取り組めるようにする(一人一役の仕事見付けの段階)。
低学年	当番的な活動から始め、少しずつ創意工夫できる係の活動を見付けられるようにする。 　少人数で構成された係で仲よく助け合って活動し、学級生活を楽しくすることができるようにする。
中学年	様々な活動を整理統合して児童の創意工夫が生かせるような係活動として組織できるようにし、協力し合って楽しい学級生活をつくることができるようにする。
高学年	自主的、実践的に係活動を進めたり、自分のよさを生かせる係に所属したりして、継続的に活動できるようにする。

出典：『小学校学習指導要領解説　特別活動編』(文部科学省)を一部変更

Q22 係活動を活性化するにはどうしたらよい？

子供たちが「みんなのため」を考えて活動し、活動を振り返ることができるようにサポートしましょう。

係活動は子供たちの創意工夫を生かすことを重視していますが、子供による自発的、自治的な活動の実現には、教師の適切な指導が欠かせません。以下に係活動の悩み別に手立てのポイントをまとめました。

子供たちが積極的に取り組む係活動の組織づくり

子供によって係活動の経験に差があるため、ただ単に「前の学年ではどのような係があったか」を子供たちに聞いて、それを基に係を組織することは望ましくありません。発達の段階に即して「みんなが楽しく充実した学級生活を送ることができるようにするために、学級にどのような係があったらよいか」を、全員で考えることができるようにします。そのためには、年度当初にみんなで話し合った理想の学級生活を思い起こしたり、上学年や他学級の係活動を参考にしたりしながら、学級にとって必要な係について、学級会で話し合って決めるようにしましょう。

なお、係を設置する際には、子供たちの「創意工夫が生かせるもの」にすることに留意し、提出物や忘れ物チェックなどのような管理的な活動にならないようにしましょう。

係の所属決めについて

基本的には子供の興味・関心に基づいて所属を決めます。その際、自分の興味・関心だけではなく、学級みんなのことを考えて所属を決めることができるようにしたいものです。

希望する子供が多かった場合、同じ係を二つのグループに分けて取り組むという方法も考えられます。反対に「メンバーがたった一人」の係は、子供たちが集団で協力して活動に取り組むことの大切さを実感することができないため、適切ではありません。友達と協力してよりよい学級生活をつくることができるかを意識することができるようにすることが大切です。

また、子供たちが係活動に自主的、実践的に取り組むことができるようにするために、じゃんけんやくじで決めることのないようにしましょう。

活動が停滞しないようにするためには？

自分の興味・関心に基づいてやりたいことを行うだけではなく、学級の生活や友達のことを考えて活動するという視点をもつことで、子供たちの参画意識は向上します。

年度当初や学期初めには、係ごとにポスター等を作成する学級が多いと思われます。そのとき、メンバーや活動すること、みんなへのお願いなどを書くだけでなく、係活動への意欲表明や、「今度、こういう活動に取り組みます。楽しみにしていてください」などの学級のみんなへの呼び掛けやメッセージを入れることで、「学級のみんなのために活動する」という意識が高まります。

係同士の交流

他の係の活動に目を向け、アドバイスカードやありがとうカードなどを活用して交流することは、参画意欲の醸成に役立ちます。振り返りにおいても、相互評価を活用することも大切です。他の係の友達から自分の活動を認めてもらうことにより、自己有用感や次の活動への意欲が向上します。

係活動発表会

係活動発表会は、活動の活性化を図る上で有効です。子供たちは自分たちの取組を振り返るとともに、各係の取組や工夫を参考にして今後の活動に生かしたり、感想やよかったことを述べ合い、互いのよさや頑張りに気付いたりすることができます。そのためには振り返りの際に「学級のみんなのために活動できたか」「学級生活の充実と向上に向けて、活動したことが役に立ったか」などの視点を示し、次の課題解決に生かすことができるようにしましょう。

Q23 集会活動の指導のコツは？

提案理由を意識して一連の活動に取り組むこと、子供たち全員が役割を担うことができるようにすることです。

子供たちの発意・発想を生かし、子供たちでつくる集会活動にする

学級活動（1）で行う集会活動は、子供たち自身が人間関係や学級生活をよりよいものにするために話し合って計画し、役割を分担して、協力し合って実践するものです。例としては、次のようなものが考えられます。

- 新年度に互いのことを知り、学級の人間関係をよりよいものにするための「どうぞよろしくの会」「仲よくしよう会」「〇年〇組スタート集会」
- 転入生を温かく学級に迎え入れ、学級の人間関係をよりよくするための「ようこそ○組へ。よろしくね会」
- 互いの頑張りを認め合い、学級集団として高まるための「○学期頑張ったね集会」
- みんなで学んだ成果として協力して作品を作る「思い出文集を作ろう」「劇の発表会」　など

実践に当たっては、提案理由やめあてに即して子供の自発的、自治的な活動となるように意識しながら見通しをもって取り組むことができるようにします。

そのために、あらかじめ集会活動の手順を子供に指導するとともに、役割や全員で分担し、準備や片付けも全員で協力して取り組むようにします。そして、やりっぱなしにはせず振り返りを行います。

集会活動を学級づくりに生かす

集会活動を通して学級の生活をより楽しく充実したものにするととも

に、よりよい人間関係を形成することができるようにするためには、子供たちの興味・関心に即し、学校の年間計画等と関連を図ることが大切です。その上で、子供たち一人一人が役割を担い、自分のよさを発揮したり、友達とよさを認めあったりすることができるようにすることで、集団への所属感や連帯感が高まります。以下は、学期ごとの指導のポイントの例です(3学期制を例としています)。

1学期

- 進級を学級全員でお祝いするような集会を計画する。
- 自己紹介をしたり、新しい友達と知り合ったりする場を作る。
- 人間関係を広げていけるよう、グループづくりを工夫するなど多くの友達と関わる場をもつようにする。
- 年間を見通して、継続できる活動を考えることもできる。

2学期

- 集会の準備を大切にする。係は、特定の子供に偏ることなく、全員で分担、協力して準備や片付けができるようにする。
- 自分が得意なことを生かせる係を分担したり、友達と相談しながら協力して取り組んだりする。
- 集会の実践後、自分自身の頑張りや友達のよかったところを振り返る場をもつようにする。

3学期

- 自分や学級の成長に気付くような、発表会のような集会が考えられる。一人一人の頑張りが学級生活の充実・向上に役に立ったのかという視点で振り返ることも大切である。
- 達成感を味わったり、温かい人間関係を意識できたりするために、互いに称賛し合ったり、感謝の気持ちを伝え合ったりする活動を取り入れることも効果的である。

出典：『みんなで、よりよい学級・学校生活をつくる特別活動(小学校編)』(国立教育政策研究所) 67 ページより一部変更

「何を目標として行うのか」を明確にして、めあてをもって取り組むことができるようにします。集会後もめあてに基づいて振り返りを行いましょう！

Q24 学級活動(1)で学んだことを次に生かすためには？

一連の活動を振り返り、自分の成長や学級集団としての高まりを感じたり、課題解決や新たな活動につなげたりすることができるようにしましょう。

明確な振り返りの視点をもつ

学級や学校における集団活動を通して、生活上の諸課題を子供たちが自ら見いだし、解決できるようにするとともに、その取組を振り返り、よい点や改善点に気付くことができるような学習過程とすることによって、主体的な学びが可能になります。

振り返りの際には、話合い活動や話し合ったことの実践だけではなく、一連の活動を振り返ることで、自分の努力に自信をつけることができたり、さらなる課題解決や新たな活動への意欲につなげます。

その際、「何のための話合いであったか」「何のために実践したのか」といった、提案理由に基づいて振り返りを行うことが大切です。

しかし、単に「提案理由が達成できてよかった」では、次の課題解決につながる振り返りにはなりません。例えば、自分が担当する役割を踏まえて、実践前に「どのようなことを、どう頑張るのか」などの具体的なめあてを一人一人が設定するようにしましょう。それに向けて努力し、実践後に振り返ることができるようにすると、振り返りの視点を明確にもつことができます。

また、振り返りを「次に生かす」ためには、「こういうことがうまくできなかった」「このことがだめだったから、次は頑張る」などの「反省だけ」にならないようにすることも大切です。

「前回と比べて、今回はどういうことがよくできたか」「こういう点はよかったが、よりよくするためにはどのようなことに気を付けたらよいか」などの視点をもって、振り返るようにしましょう。

●コラム●

子供たちが学級としての成長や一体感を感じる工夫は？

教室の環境整備

学級経営の一つに環境整備があります。「学級のあゆみ」など、学級としての活動を振り返ることができる掲示物を作成し、子供たちが「自分もこの学級の一員である」ことや学級集団としても高まりを感じることができるようにします。

また、子供たちが主体的に学級や学校の生活上の課題を解決しようという意識を高めたり､事前に自分の考えをもって話合いに臨んだり､話し合って実践したことの成果を感じたりするために、学級活動コーナーを設置することも効果的です。学級会で話し合って決まったことを掲示したり、実践を振り返ることができる掲示物を作成したりするのもよいでしょう。

月ごとの学校行事や学級会、集会活動の内容をまとめた掲示物を作ります。はじめは教師が作り、徐々に子供たちが作るように促していきましょう。

この写真は、私が学級担任だったときのものです。学級カレンダー係という係があり、月ごとに 1、2 枚の学級カレンダーを色画用紙で作っていました。係発表会のときは、写真のように自分たちで作った学級カレンダーを紹介していました。

学級活動(1)
実践
1

年度初めの学級経営と関連させた学級活動(1)の実践

千葉県八千代市立大和田小学校

●本校の取組について

本校では、児童の心に寄り添い、新しい学校生活や人間関係への期待を高め、よりよい人間関係づくりを行うために、校内研究として平成７年より特別活動の研究実践に取り組んできました。その取組の中で、学級活動を中心とした学級経営を行っています。

また、初めて本校の研究に触れる先生方も同じように年度初めの取組ができるよう、毎年年度初めに３つのモデル授業を行っています。３つのモデル授業とは、(2) イ・(3) アの統合的題材「○年生になって」、(1) の議題「係を決めよう」および「○年生も頑張ろうね会をしよう」です。

本稿では、年度当初の学級活動 (1) の２つの実践を紹介します。

実践学年　第２学年

◆議題 「2年生もなかよくがんばろうねかいをしよう」

(ア：学級や学校における生活上の諸問題の解決)

話し合うこと　①何をするか　②仲よくなるための工夫
③役割分担

事前の活動

●計画委員会の活動

本校は低学年の指導において、計画委員会を「司会グループ」と呼んでいます。議題の選定や提案理由の設定はもちろん、学級会のときも一緒に教師も司会グループとして参加します。

本時においても議題の選定、事前の準備は、教師が主導となってどのような議題がよいかを決定していきました。

①提案理由の設定

低学年では、最初に教師が提案者の児童の思いを聞き取り、思いを引き出して提案理由を設定するようにしています。その後、司会グループでも話し合い、教師が中心となり児童が大事にしたいキーワードを文章に整えていきます。本時でも、児童の「みんなのことを知りたい」「仲よくなって、みんなで成長したい」という思いを提案理由に盛り込みました。

②話合いの準備

話合いに向けて、教師が司会グループでまとめた提案理由や、話合いの順序、決まったことなどを１枚にまとめたシートを司会グループに配布しています（下記参照）。これを基に、児童が円滑に話合いを進められるようにしています。

３　本時の活動計画

きまっていること ○おこなう日 ５月９日（木） ３じかん目 ○ばしょ きょうしつ ○ゲームを１つきめてから，ゲームいがいを１つきめる。 ○プログラム １　はじめの言ば ２　うた ３　ゲーム ４　ゲームいがい ５　先生の話 ６　おわりの言ば

だい２かいスマイル 学きゅうかいのけいかく		４月２３日（火）
ぎだい「2年生もなかよくがんばろうね会」をしよう		
ぎだいを出したわけ	クラスがえをして、みんなのことでしらないことがあります。この会でしつもんをしてみんなのことをしりながらえがおでいっぱいの会にしましょう。そしてもっとなかよくなれば1年かんみんなでもっとせいちょうできるとおもいます。	
ぎだいを出した人		
しかいグループ	しかい	ノートきろく
	こくばんきろく	

話合いのじゅんじょ	きをつけること
１　はじめの言は ２　うた ３　かかりのしょうかい ４　ぎだいのたしかめ ５　ぎだいを出したわけ ６　きまっていることのたしかめ	大きな声で言う。 げんきにはるのかぜをうたう。 1人1人がめあてを大きな声で言う。 こくばんきろくさんにさしてもらう。 くらびとくんもかさん、ゆあさんに言ってもらう。 先生に言ってもらう。
７　話合い ＜話し合うこと１＞ なにをするかきめよう	ゲームを1つゲームいがいを1つきめる。みんながやりたいものをきめる。
＜話し合うこと２＞ なかよくなるためのくふうをかんがえよう	じゅんびがいるものとじゅんびがいらないものにわけて言い合う。
＜話し合うこと３＞ やくわりをかんがえよう ８　きまったことのたしかめ	いつも会であるかかりは、はっていく。ももかさんにいってもらう。
９　ふりかえり １０　先生の話 １１．おわりの言葉	ふりかえりは、カードにかく。 大きなこえではっきり言う。

●実際の話合い

本校では、低学年の学級会の導入で、みんなで声を合わせて提案理由を読んでいます。これは議題について全員が共通理解し、同じように問題意識をもって話合いに臨むようにするためです。

本時では、低学年の研究の重点としていた「聞くこと」を意識して指導を行いました。また、発表している人のほうを向くことや、最後まで聞くことなどの、話合いについての約束も確認しました。

話合いの中では「○○くんと同じで」という意見が多く見られました。このような意見は、友達の発表をよく聞いていなければできません。本時の指導に加えて、１年生からの学級会の積み重ねの成果も出ていると感じました。

話し合うこと②は、実践についてのイメージの共有がうまくされていなかったために意見が活発に出されず、途中で終わってしまいました。後日、イメージの共有化を行ってから再度話し合い、実践へと結び付けることができました。

なお、本時の話合いの内容は「学きゅう会のたからもの」として教室に掲示しました。

話合いの様子

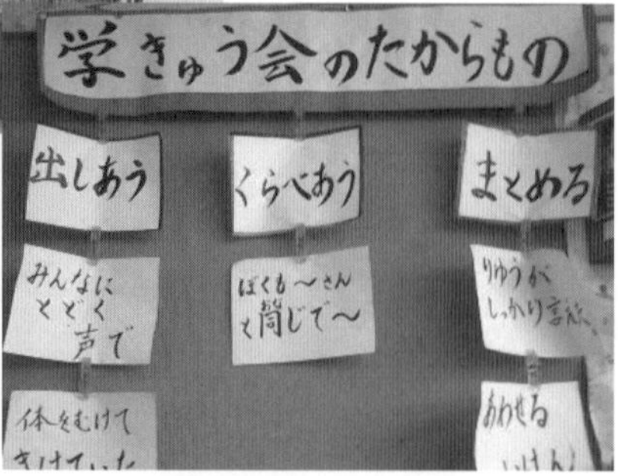

学級会のたからもの

●実践の様子

　その後、話合いで決めた役割ごとに協力して会の準備を行い、「２年生もなかよくがんばろうね会」を行いました。当日までに準備が滞りなく行われていたのは、イメージの共有化を図ったことで、実践可能な「仲よくなるための工夫」について話し合うことができたからだと言えます。

　当日はみんなで話し合って決めた「名前よびゲーム」を仲よく行うことができました。

●振り返り

　本校では、話合いから実践までを通した振り返りを学級会ノート１ページにまとめるようにしています。これにより児童が見通しをもって活動ができ、課題意識や次の活動に向けた意欲を高めることがねらいです。

　本実践の振り返りでは、「２年生も仲よくやっていけそう」や「２年生のきずなが深まった」などの意見が出され、この実践を通して、提案理由にある「もっと仲よくなろう」というねらいが達成できていると感じました。

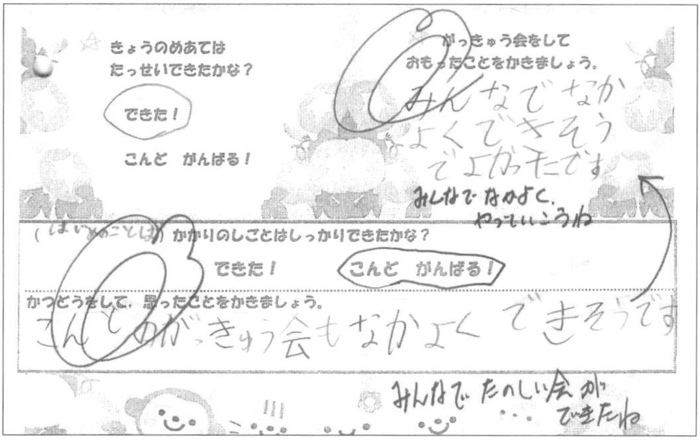

実際の児童の振り返り

実践学年　第４学年

◆議題　「係を決めよう」

（イ：学級内の組織づくりや役割の自覚）

話し合うこと　①どんな係にするか　②係の役割を決めよう

事前の活動

●計画委員会の活動

本校では中学年以降の学級会は、計画委員会の児童が主体となり事前の準備を行っています。議題は集まった議題案の中から計画委員会がふさわしいものを話し合って選び、提案した児

4年3組　学級会の計画

第 1 回 4-3学級会			4月 11日（木）	
議題	係を決めよう			
提案理由	三年生まで、私たちは係活動をたくさんしてきました。係活動をすると、楽しい思い出もできて、きょう力しあえました。そして、ポスターなどにクラスのめあてをかくと、もっとルールを守れて楽しくすごせると思います。だから、4年生でも係活動をしたいです。係活動をすると、もっと友だちとの仲が深まって、クラスが明るくなります。そして、みんな工夫して活動できるようになると思います。だからこのぎだいをていあんしました。			
計画委員会の役割	司会	黒板記録	ノート記録	提案した人
話合い活動の計画		気をつけること		
1　はじめの言葉				
2　係の紹介	6分	はっきり大きな声で言う。		
3　議題の確認		めあてを大きな声で発表する。		
4　提案理由		ていあんした人とあらかじめ練習して、スムーズにできるようにしておく。		
5　決まっていることの確認		決まっていることはノートきろくのえいたさんに言ってもらう。		
6　めあての確認		めあてのかくにんは先生にいってもらう		
7　話合い〈話し合うこと1〉どんな係にするか決めよう。	15分	〈はなしあうこと1〉くらべ合うから始める。・たくさんの人をてきぱきさす。・ていあん理由を考えて、意見を言ってもらう。		
〈話し合うこと2〉役わりを決めよう	10分	〈はなしあうこと2〉だいたいの人数を決める。・男女がなるべく入るように言う。・名前のふだをじゅん番にはってもらう。はりおわったら、いいかどうかきく。		
〈話し合うこと3〉係ごとの活動の計画	10分	係ごとに集まってどんな活動をするか話し合う。時間になったら、席にもどるように声をかける。		
7　決まったことのたしかめ	4分	ノートきろくのえいたさんに言ってもらう。		
8　ふりかえり		ふりかえりカードをかいてもらう。		
9　先生のお話		先生におねがいする。		
10　おわりの言葉		はっきり大きな声で言う。		

事前の活動

童と共に計画を進めていきます。その後、選定された議題を学級全体で決定して準備を進めていきました。事前の準備として「あるとよいと思う係」についてアンケート調査を行い短冊にまとめておき、「くらべ合う」段階の話合いから始められるようにしました。

その後、教師の助言の下、決まっていることとして示すことを計画委員全員で確認、決定し、左ページのような活動計画を作成しました。

●提案理由の掲示

本学級では、話合いの数日前から計画委員会が模造紙に提案理由をまとめ、教室の学級会コーナーに掲示しています。これは、当日までに学級全員が話合いの目的を把握し、同じ課題意識をもって話合いに臨むためです。

当日は、学級会の冒頭に、計画委員会が提案理由を全員に提示し、改めて共通理解を図って話し合うことができるようにしていました。

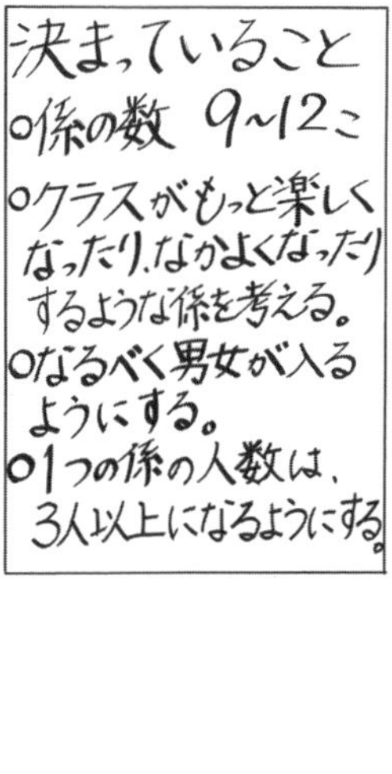

決まっていること
○係の数 9~12こ
○クラスがもっと楽しくなったり、なかよくなったりするような係を考える。
○なるべく男女が入るようにする。
○1つの係の人数は、3人以上になるようにする。

話合いの前提がぶれないよう、当日の話合いでは、黒板脇に「決まっていること」を貼り出し、児童がそれを意識しながら話し合うことができるようにしています。

●話合いの流れ

当日は「くらべ合う」から話合いをスタートしました。

話し合うこと①の「どんな係にするか」では、賛成意見が少ない係について、ほかの係と合体させたらどうかという意見が出ましたが、単独の係として活動したいという一人の児童の思いを大切にして、単独の係として設置することにしました。このように話合い活動を低学年から積み重ねる中で、友達の思いを大切にしようという気持ちが感じられました。

話し合うこと②の「係の役割を決めよう」では、話し合うこと①で係を決めたものの、いざ担当する係を決めるとなったときに、所属人数に偏りが出てしまいました。児童があるとよいと思ったものと自分がやりたいと思ったものの、違いが浮き彫りになった形となりました。

その後もそれぞれの係の特徴を考えながら、どれくらいの人数が必要なのか話し合いましたが、なかなか折り合いを付けることができず、本時の時間内に全ての係を決めることができませんでした。

後日、人数に偏りがある係を自分たちでもう一度見直し、譲り合うなど折り合いをつけて担当を決めることができました。教師からは、人数や男女のバランスを考えるようにしようということや、「何人いれば、その係は仕事ができるのかを考えよう」という助言をしました。

●実際の活動

係の決定後、児童はそれぞれの係活動に意欲的に取り組んでいました。教室の一角を係活動コーナーとしたところ、そこに各係のアンケートボックスやクイズ、ポスターなどが設置されました。

児童同士のアイデアはもちろん、3年生までの経験も生かされた、みんなが楽しめる係活動の実践となりました。

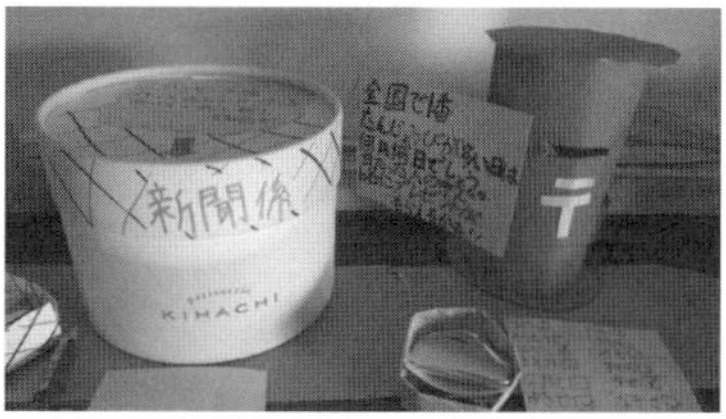

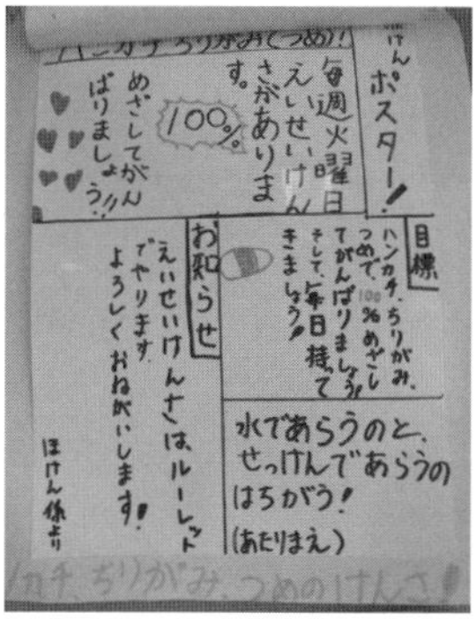

●振り返り

本校の3年生以上の学級会シートは、一連の活動を振り返った上で、次回の学級会や活動で頑張りたいことを明記する書式になっています。なぜなら学級活動は、一つ一つの議題や題材が異なっても、一連の学習過程を繰り返し、経験を積み重ねることで資質・能力が育まれる学習だからです。次に示す児童も、今回の活動を踏まえた「次回頑張りたいこと」を記していました。

学級会の話合いのふりかえりをしましょう。（◎・○・△をつける。）

① 自分の意見をもって，話合いに参加した。	◎
② 発表する人を見て，意見を聞けた。	◎
③ 自分の意見を，はっきりと話せた。	◎
④ ていあん理由を考えながら，発表した。	◎

会を終えたあとに，ふりかえりをしましょう。

① 友達と協力して，会の準備をした。（◎・○・△）	◎
② 役わり分たんで決まった，自分のやくわりは何ですか。	かざり係
③ 会を終えるまでの中で，自分ががんばったことは何ですか。	たくさん発表したこと
④ 次回の学級会や活動で，がんばりたいことは何ですか。	ていあん理由をたいせつにして発表する。

係活動をしっかり行って，
クラスを盛り上げていきましょう。

学級活動(1)
実践
2

児童の思いを大切にした学級活動(1)の実践

北海道札幌市立北野平小学校

実践学年　第6学年

◆議題　「卒業アルバムの2組ページをつくろう」

(ア：学級や学校における生活上の諸問題の解決)

話し合うこと　①2組ページの内容

②2組らしさを伝える内容以外の工夫

事前の活動

●計画委員会の活動

①議題選定の理由

本活動は、卒業に向けた一連の活動の最初の取組です。

卒業アルバムについては、6年生の各学級から集まったプロジェクトチームが中心となり活動を進めていました。その中で、学年で統一した内容のほかに、「それぞれの学級のよさが表れるような学級のページを作りたい」という意見が出されたため、学級全員の承認を取り、本議題が選定されました。

本議題でこれまで築いてきた6年2組の歩みやよさを伝える内容にすることを考えていく過程で、自分たちのよさや頑張りを見つめ直し、学級としてよりよくなることをねらいとしました。

②話合いに向けての準備

計画委員は、学級内の卒業アルバムプロジェクトメンバーも含めた人員構成で準備を行いました。

学級全員で議題決定後、まずは議題と提案理由を教室内に掲示し、何のためにどのようなことを話し合うのかを学級全体で共通理解を図りました。

その後、学級全員に卒業アルバムの「2組ページ」でやりたいことを学級会ノートに書いてもらい、計画委員がその意見をまとめました。それを基に、どのような板書だと話合いがしやすいか計画委員の児童で考え、全員で板書計画を立てました。

また、話合いを進めるに当たって必要な活動計画も教師を交えながら作成をし、当日の進行がスムーズにいくように準備をしました（下の資料参照）。

③実際の活動計画シート

本校では、１～３年生用と４～６年生用で、仕様を分けた活動計画シートを使用しています。本実践では計画委員会が中心となり、「こんな意見が出たらどうするか」などを想定して計画を立てました。以下は、実際の活動計画です。

第 8 回　6 年 2 組学級会　計画案	
日時	11 月 30 日（月）　5 時間目
ぎだい	卒業アルバムの2組ページを作ろう
ていあん理由（現状分析）なぜ どんな力を	（ていあん者：アルバムプロジェクト 6年2組は、「協力できる」「仲が良い」「全力を出しきれる」クラス。卒業アルバムには、クラスのいい所を残したい。そして、いつ見ても、クラスのみんなを思い出せるアルバムにしたいと思う。
めあて	出た意見について、分かりやすく、スムーズに進める。

司会		司会	
~~黒板~~記録		~~ノート~~記録	

意見に ⇓ 聞く

話合いのじゅんじょ	計画委員で話し合ったこと（気をつけること）
1 はじめの言葉（　　） 2 司会グループの確認（名前とがんばること）（　　） 3 ぎだいの確認（　　） 4 ていあん理由の説明（　　） 5 （先生から）	2ページ 全員で分担 全員が書く プロフィール 思い出（6年生） エピソード 担任の先生紹介
6 話し合い 【話し合うこと①】ページの内容	出し合う　1時20分～ アルバムプロジェクトからの提案 くらべ合う 提案理由をもとに賛成意見を言ってもらう 黒板には個人とランキングを分けてはる。 まとめる 2組のよさを確にん　他とくらべて キーワードになる言葉
【話し合うこと②】内容以外の工夫 きまりそう☆	○わく　○座席　1時45分～ ☆キャラクター ☆共通（ジグソーパズル） ○新聞 ○話しかけるように 話をすぐ わかりやすく
7 きまったことのかくにん（　　） 8 話し合いのふりかえり 9 先生の話 10 おわりの言葉（　　）	1時55分～

●話合いの流れ

話合いの冒頭では、決まっていることのほか、作成するページのイメージを全員がもてるように、ページのサイズ、どれくらいの文字量が入れられそうかなどの説明を計画委員が行い、実際の紙の大きさなども示しました。

事前に意見を出し合っていたため、本時では「くらべ合う」ことから始めました。賛成意見や心配な点は、それぞれピンクと青の短冊に書いて貼り、視覚的に話合いの流れが分かるように工夫しました。

話合いの結果「学級のよいところ」「学級の思い出ランキング」などの４つのテーマを掲載することが決定しました。全員が提案理由を意識し、学級のよいところが伝わる内容にまとめることができました。

●教師の助言

話合いのはじめに、教師から「２組のよさを振り返り、それが伝わるような内容にしましょう」と声掛けをし、話合いで大切にしたいことを確認しました。

また、終末の助言では、前回の話合いと比べてよかった点や、今後の課題を話すとともに、実践に意欲がもてるようにしました。

●実際の活動

　決定した役割ごとに担当ページを作成しました。作業の中で相談したほうがよいことが出てきたら担当の児童同士で話合いを重ねて決定するなど、協力して活動することができていました。

　完成した卒業アルバムは、3月に児童全員の手元に届きました。児童は、自分たちで力を合わせて作ったアルバムを「すごい」「おもしろいね」と楽しそうに話したり、うれしそうに眺めたりしていました。

●振り返り

　ページの作成後、全員で一連の活動の振り返りを行いました。実践を通して改めて学級の友達のよいところを知ることができたり、みんなで一つの物を協力して作るよさや達成感を感じたりできた児童が多くいました。

　以下は、実践を終えた児童の振り返りです。

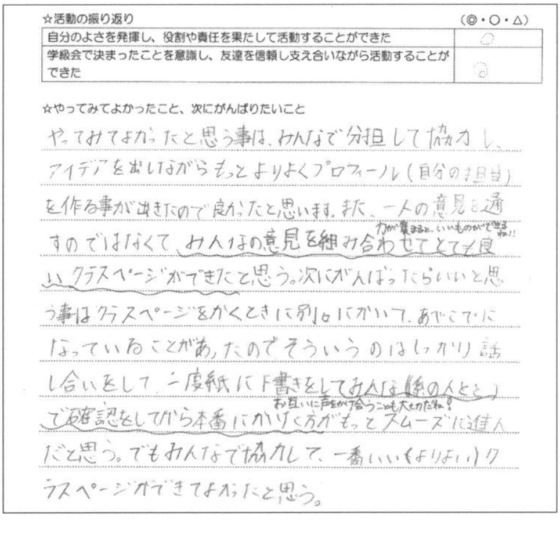

☆活動の振り返り　(◎・○・△)

自分のよさを発揮し、役割や責任を果たして活動することができた	○
学級会で決まったことを意識し、友達を信頼し支え合いながら活動することができた	◎

☆やってみてよかったこと、次にがんばりたいこと

やってみてよかったと思う事は、みんなで分担して協力し、アイデアを出しながらもっとよりよくプロフィール（自分の担当）を作る事が出きたので良かったと思います。また、一人の意見を通すのではなくて、みんなの意見を組み合わせてとても良いクラスページができたと思う。次にがんばったらいいと思う事はクラスページをかくときに別々にかいて、あべこべになっていることがあったのでそういうのはしっかり話し合いをして一度紙に下書きをしてみんな（係の人とと）で確認をしてから本番にかりく方がもっとスムーズに進んだと思う。でもみんなで協力して、一番いい（よりよい）クラスページができてよかったと思う。

力が集まると、いいものができるね!!

お互いに声をかけ合うことも大切だね！

　本実践を進める中で、児童が悩んだり困ったりしたこともありましたが、学級活動のこれまでの経験や他教科等での経験を生かし、全員で協力して取り組むことができていました。

　今後も本実践での経験を生かし、児童が自発的、自治的な活動ができる学級活動を行っていきたいと考えます。

Q25 学級活動(2)はどのような内容？

子供たち一人一人が自己の生活上の課題を発見、改善することを通して、自己指導能力を育成します。

学級活動(2)は何を学ぶ時間なのか

学級全体に関わる生活上の課題を取り上げ、集団として合意形成を図って実践する学級活動（1）に対して、学級活動「(2) 日常の生活や学習への適応と自己の成長及び健康安全」並びに学級活動「(3) 一人一人のキャリア形成と自己実現」は、子供たち一人一人が自己の学習や生活を改善するために、個人としての具体的なめあてや行動目標を意思決定して実践します。学級活動の指導においては、こうした特質の違いを踏まえて指導する必要があります。

学級活動(2)の内容

学習指導要領では学級活動（2）の内容を、次の４つに整理しています。

ア　基本的な生活習慣の形成

身の回りの整理や挨拶などの基本的な生活習慣を身に付け、節度ある生活にすること。

イ　よりよい人間関係の形成

学級や学校の生活において互いのよさを見付け、違いを尊重し合い、仲よくしたり信頼し合ったりして生活すること。

ウ　心身ともに健康で安全な生活態度の形成

現在及び生涯にわたって心身の健康を保持増進することや、事件や事故、災害等から身を守り安全に行動すること。

エ　食育の観点を踏まえた学校給食と望ましい食習慣の形成

給食の時間を中心としながら、健康によい食事のとり方など、望ましい食習慣の形成を図るとともに、食事を通して人間関係をよりよくすること。

学級活動（2）で取り上げる内容は、子供たちに共通した問題ですが、一人一人が理解や自覚を深め、話し合って意思決定し、実践します。子供たちが自らの生活上の課題を見いだし、一人一人が目標を決めて、その実現に向けて取り組み、よりよく解決することができるようにしましょう。

具体的には、例えば、アの内容では、日常生活での基本的な生活習慣における自己の課題に気付き、改善に向けて自ら目標を立てて努力し、主体的に取り組むなどの活動が中心となります。基本的な生活習慣については、改善の必要性を強く感じ、日常の生活の中で繰り返しやってみることが習慣化へとつながることから、活動の振り返りを大切にして、どうすれば改善できるかを繰り返し考えることで日常化を図ったり、成果を実感して実践への意欲を高めたりすることができるようにします。

学級活動（2）で育成を目指す資質・能力の例

以上のように、自分の日常における生活を見直し、自ら改善して、生涯にわたって健康の保持増進を目指したり、望ましい食習慣の形成につなげたりすることができるようにするのが、学級活動（2）の内容です。

学級活動（2）においては、例えば、次のとおり資質・能力を育成することが考えられます。

- 日常の生活や学習への適応と自己の成長及び健康安全といった、自己の生活上の課題の改善に向けて取り組むことの意義を理解するとともに、そのために必要な知識や行動の仕方を身に付けるようにする。（知識及び技能）
- 自己の生活上の課題に気付き、多様な意見を基に、自ら解決方法を意思決定することができるようにする。（思考力、判断力、表現力等）
- 自己の生活をよりよくするために、他者と協働して自己の生活上の課題の解決に向けて粘り強く取り組んだり、他者を尊重してよりよい人間関係を形成しようとしたりする態度を養う。（学びに向かう力、人間性等）

Q26 学級活動（2）はどのように指導するの？

話し合って自己の課題を発見し、その解決に向けて自分で決めたことを実践して振り返る、一連の流れを重視します。

学級活動（2）の学習過程

学級活動において育成することを目指す資質・能力は、基本的な学習過程を繰り返す中で育まれるものです。

「問題の発見・確認→解決方法等の話合い→解決方法の決定→決めたことの実践→振り返り」という基本的な学習過程は学級活動（1）と同じですが、学級活動（2）は「話合いを生かして」自分に合った具体的なめあてや実践方法の意思決定を行います。その違いを教師がしっかりと理解し、各活動の特質を意識して指導の充実を図ることが求められます。

具体的には、学級活動（2）においては、子供たちにとって身近な課題を取り上げ、自分自身の問題として受けとめていくことができるよう、提示する資料や展開を工夫することが大切です。

話合いを生かした意思決定がなく、「分かったこと」や「感想」で終わるような、知識を教えることが中心の授業実践にならないようにします。子供たちが自分自身の課題に気付き、自主的、実践的に取り組むことができるような学習展開を意識しましょう。

そして、事後指導の充実を図り、決めたことを粘り強く実践して振り返りを大切にすることで、「努力したらよりよくなった」「前よりも改善された」「うまくいかなかった点もあるけれど、努力することは大切だ」ということを実感したり、「自分もやればできる」といった自己効力感をもったりできるようにすることが望まれます。

また、学年、学級だよりなどで本時の学習を家庭に知らせたり、家の人からのコメントをもらったりするなど、家庭と連携して、課題について日常生活での意識化を図ることも考えられます。

特別活動指導資料では、学級活動（2）の学習過程を「つかむ→さぐる→見つける→決める」と示しています。板書においても学習過程を小見出しなどを活用して明確に示すことにより、子供自身が見通しをもって学習に取り組むことにつながります。

つかむ 課題の把握 → **さぐる** 原因の追求 → **見つける** 解決方法等の話合い → **決める** 個人目標の意思決定

学級活動（2）、学級活動（3）の学習過程

①問題の発見・確認
日常生活における共通の問題から教師が設定した題材について知り、自己の現状を理解したり、解決すべき自己の課題や将来に向けた自己の生き方に関する課題を見いだしたりする。

→ **②解決方法等の話合い**
題材について、共通の問題について確認し合い、原因や改善の必要性を探ったり、具体的な解決方法などを見付けたりするために話し合う。

→ **③解決方法の決定**
話合い活動で見付けた解決方法等を参考にし、自分に合った具体的な解決方法を決めるなど、「意思決定」する。

→ **④決めたことの実践**
意思決定した解決方法や活動内容について粘り強く実践する。

→ **⑤振り返り**
実践を定期的に振り返り、意識化を図るととも、結果を分析し、次の課題解決に生かす。実践の継続や新たな課題の発見につなげる。

→ **次の課題解決へ**（→①へ戻る）

出典：『小学校学習指導要領解説　特別活動編』（文部科学省）

学級活動（2）と（3）は、一人一人の子供が意思決定をするという点で基本的な学習過程は同じですが、学級活動（2）は学校生活への適応指導です。それぞれの特質や、どのようなねらいで意思決定を行うのかを教師がしっかりと理解して臨みましょう。

Q27 学級活動(2)を効果的に指導するには？

発達の段階に即し、系統性を生かした指導計画を立て、子供たちの問題意識を引き出す工夫を考えましょう。

発達の段階に即した年間指導計画

学級活動（2）では、年間指導計画に即して教師が題材を設定します。指導に当たっては、学級や学校の実態を考慮し、指導のねらいや指導内容を明確にして指導するとともに、学年が上がるにつれて指導内容が深まるようにすることが大切です。そのためには、年間指導計画において、題材を系統的に設定することや、発達の段階に即して重点化を図ることが求められます。入学当初や低学年においては、子供たちが学校生活に適応するために、学級活動（2）に充てる時間数が多くなることが考えられます。

子供の問題意識を高める指導の工夫

①事前の指導の工夫

子供たちの問題意識を高めるためには、事前指導は欠かせません。例えば、学級担任が事前に題材を提示したり、アンケート調査を行ったりする方法があります。

②資料提示の工夫

どのような資料を提示するかだけでなく、資料をどのように提示するかも大切です。例えば、事前にアンケート調査を行った場合、結果を提示する際に、集計結果を一度に示してしまわずに、子供たちに予測させ、「さぐる」段階での話合いに生かすことなども考えられます。

また、映像や写真を効果的に活用することで、課題を適切につかむことができるようにします。

③ティーム・ティーチング(TT)による指導

79ページを参照。

●コラム●
ティーム・ティーチングについて

健康・安全や食の問題等に関わる題材を取り上げる場合は、内容に応じて、学級担任と共に、養護教諭や栄養教諭、学校栄養職員、司書教諭、学校図書館司書などが、専門性を生かして指導に当たることで一層の効果を上げることができます。

ティーム・ティーチングで行う場合、事前に打合せをしっかりと行い、特に専門的な内容については発達の段階に即して重点化を図り、子供たちが主体的に解決方法などを考えることができるようにすることが大切です。

また、解決方法などの話合いにおいて子供たちが考えた解決方法や意思決定した内容について、必要な助言を行ったり、補足説明をしたりすることも考えられます。

なお、指導する上でのそれぞれの役割を明確にし、例えば、図のように指導案の中でＴ１、Ｔ２の役割を明確に示して、指導の効果が高まるようにすることも考えられます。

学級担任と養護教諭とのティーム・ティーチングの進め方の例

	児童の活動	指導上の留意点		資料	目指す児童の姿【観点】
		T1（学級担任）	T2（養護教諭）		
導入（つかむ）	1. 事前のアンケートを見て気付いたことを話し合う。 2. ゲームのやりすぎによる問題点を考える。	• ゲームに関する学級全体の課題を確認し、課題解決への必要感を高める。	• スライドでアンケート結果を表示する。	集計結果	
	ゲームの時間を守れるようにするためにどのようにしたらよいか考えよう				

T1,T2 の役割を明確にして、共に授業を考えるようにすることが大切です。

出典：「『指導と評価の一体化』のための学習評価に関する参考資料　小学校　特別活動」53 ページより、一部変更して引用

学級活動(2)
実践
3

ティーム・ティーチングを活用した学級活動(2)の実践

千葉県千葉市立更科小学校

実践学年　第1学年

◆題材　「やさいとげんきな体」

(エ：食育の観点を踏まえた学校給食と望ましい食習慣の形成)

ねらい　何でも食べることの大切さを理解し、苦手な食物も進んで食べようとする意欲をもち、日常生活で実践しようとする態度を育てる。

題材について

●児童の実態

本学級の児童は、男子５名、女子５名の計10名で、給食の時間には担任や友達と楽しく会話をしながら食べています。

事前の調査では、「給食が好き」と回答した児童は９名、「給食が嫌い」と回答した児童は１名でした。その理由として「野菜嫌い」を挙げていました。ほかの児童においても、６名がいくつかの野菜や豆類を苦手としているほか、食事の際に食物の栄養や働きを意識している児童はいませんでした。

そこで、何でも食べることがなぜ大切なのかを知る機会を設けることで、「苦手な食物も体のために少しずつでも食べよう」という意識を高めたいと考えました。

また、それまでの学級活動では自分の考えを述べることはできていましたが､話合いを行うまでには至っていませんでした。そこで、話合い活動を深めるため、ワークシートの工夫をすることにより、話合いを生かした意思決定となるようにしたいと考えました。

●題材設定の理由

本題材は、学習指導要領の第６章第２の２（2）エ「食育の観点を踏まえた学校給食と望ましい食習慣の形成」の内容を受けて計画した題材です。

題材について

食事は人間の体と心の成長や健康のために大きな役割を果たしています。心身ともに健康な生活を送るためには、何でも食べようとする態度を身に付けることが大切であり、そのためには食物の栄養や働きについてしっかり理解することが重要だと考えました。

そこで本時は野菜の働きを知ることで、自分の成長と健康のために何でも食べることの大切さを理解し、実践できるようにすることを目指しました。

また、学校栄養職員と連携を図り、食物（野菜）の働きと健康な体の関係について、児童に知らせ、苦手な食べ物を少しずつでも食べようとする意欲を高め、実践化を図れるようにしました。

事前の指導

●事前の指導

①アンケートの実施

自分の食事についてのアンケートを実施し、これまでの食事の仕方について振り返ることができるようにしました。

②紙芝居を見せる

食物を赤、黄、緑に分け、その働きを分かりやすく示した紙芝居「ぺらぺら」を活用し、食物によって体の中での働きが違うことに気付くことができるようにしました。

本時の展開

●本時の展開

本時では、学校栄養職員と学級担任が指導、展開やそれぞれの役割を事前に明確にし、児童が内容について深く考えられるように分担しながら授業を進めました。（以下T1＝学級担任、T2＝学校栄養職員）

①食べ物クイズをする

- T1　食品に関するクイズを出題し、児童の食品に対する関心を高める。
- T2　クイズに使用するグッズの準備や、クイズの内容説明をする。

本時の展開

②事前の「給食についてのアンケート」の結果を見て、気付いたことを発表する

T1　好きなものしか食べないとどうなるか考え、健康な体のために何でも食べることが必要なことへの動機付けをする。

③学校栄養職員の話を聞き、野菜の働きや必要性を知る

T1　学校栄養職員の話に合わせて、黒板に判例を貼る。

T2　絵カードを使いながら、野菜の働きや必要性を分かりやすく話し、児童の興味・関心を高めるようにする。

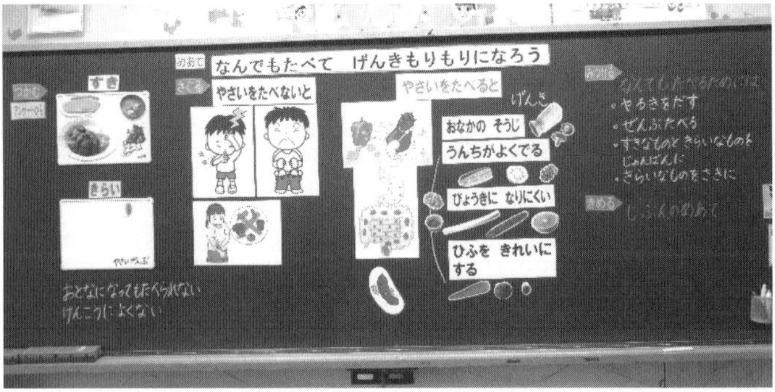

④好き嫌いなく給食を食べるための工夫を話し合う

T1　・児童から出された方法や工夫を分かりやすく分類・整理して、板書する。
　　・苦手な食べ物を頑張って食べている児童に、工夫の仕方を話してもらい、全員に聞くようにうながす。

T2　・引き続き野菜の働きや必要性を分かりやすく話し、児童が問題解決できるように補助を行う。
　　・出された方法や工夫について必要に応じて補足説明をしたり、新たな方法や工夫を伝えたりする。

⑤話し合ったことを参考にして、自分のめあてを決め、ワークシートに書く

T1　自分の課題に合い、実践できる具体的なめあてを書く

本時の展開

ことができるように助言する。また、文を書くことを苦手とする児童には、選択肢のあるカード等を用意する。

T2　机間指導して個別に助言を行う。

事後の指導（実践&振り返り）

●事後の活動

本時の授業後、児童は一週間自分で決めためあてに即し、実践を行いました。めあてを達成できたと思う日にはワークシート内の枠に色を塗り、自分の頑張りを記録していきました。

その後、振り返りの時間を設け、担任から児童の頑張りを称賛し、これからもこのめあてに向かって引き続き頑張ることが大切だということを話しました。

また、ワークシートには保護者記入欄も設け、保護者からも取組に対するコメントをもらうなどして連携し、児童が家庭でも主体的に実践できるような動機付けをしていただきました。

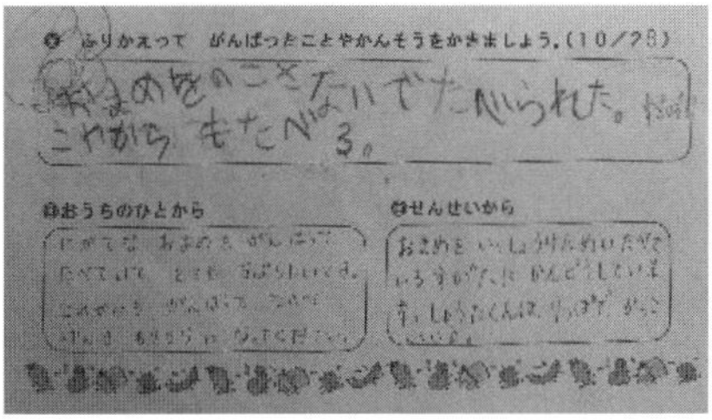

振り返りでは、児童が頑張ったことの振り返りや引き続き頑張ることを書くようにしました。また、教師と保護者からも「苦手な野菜を一生懸命食べていたね」「これからも頑張って食べようね」などのメッセージを書き、意欲付けや実践の継続につながるようにしました。

※本実践は令和元年度のものです。

学級活動(2)
実践
4

第1学年における「上手な歯の磨き方」の実践

沖縄県那覇市立松川小学校

実践学年　第1学年

◆題材　「じょうずな　はの　みがきかた
　　　　～じょうぶな　はに　なろう～」

（ウ：心身ともに健康で安全な生活態度の形成）

ねらい　むし歯になる仕組みを理解し、歯磨きの大切さを考え、丁寧な歯磨きをしようとする態度を育てる。

題材について

●児童の実態

本学級の児童は、給食後に校内放送に合わせて毎日歯磨きをしており、生活の一部として定着しています。

歯磨きの取組についてのアンケート結果では、「歯磨きが好き」と回答した児童が88％でした。理由としては、「むし歯にならないため」や「歯がきれいになる」といった意見がありました。

一方、「１本ずつ丁寧に歯磨きをしていますか」という質問では、「している」と回答した児童が42％と半数未満であり、正しい磨き方がしっかりと身に付いていない児童が多いと言える結果でした。以上のことから、本学級の児童には「磨き残しがないように意識して丁寧に磨く」ということに課題があると考えました。

●題材設定の理由

本題材は、学習指導要領の第６章第２の２（２）ウ「心身ともに健康で安全な生活態度の形成」によるものです。本題材では、むし歯になる仕組みを理解し、歯磨きの大切さを考え、丁寧な歯磨きをする習慣を身に付けることができるようにすることをねらいとしました。そして児童一人一人が自分の課題を見付け、歯磨きの大切さや丁寧に磨くことの意義を理解することや、課題の解決に向けて工夫しながら、正しい歯磨きを習慣化させたいと考えました。

●事前の指導

①歯磨きに関するアンケートの実施

児童が、日ごろの自己の歯磨きを振り返るため、歯磨きに関するアンケートを実施しました。アンケート結果は本時の中で示し、児童が自己の歯磨きに対する課題を見付けられるようにしました。

②歯に関する絵本の読み聞かせ

むし歯になる仕組みが分かる絵本を読み聞かせ、むし歯の仕組みを知るとともに、歯磨きの大切さが理解できるようにしました。

③磨き残しの染出し

普段の歯磨きを行った後、染出し液を用いて磨き残しの染出しを行いました。磨き残しを視覚的に把握することで、自己の歯磨きに対する課題を見付けられるようにしました。

●本時の展開

本時では、「つかむ」「さぐる」「見つける」「決める」の4段階で授業を進めました。具体的な流れは以下のとおりです。

①実態や現状の把握（つかむ）

むし歯になりやすい食べ物について確認し、自分の歯磨きの方法について問題意識をもたせる。

また、染出しの結果から、磨き残しが多い部分を振り返る。

②原因の追求（さぐる）

どうしてむし歯になるのか課題を把握する。そして、むし歯になる原因について考え、話し合う。

③解決方法等の話合い（見つける）

歯の大型模型を使って、養護教諭から歯の磨き方について話を聞き、上手な歯の磨き方に気付くようにする。養護教諭からの話を踏まえて、再び児童同士で「歯磨き名人になろう」というテーマで話し合う。その後全体で話し合い、個々の意思決定へと向かっていけるようにする。

④個人目標の意思決定（決める）

自己の課題解決に向け、具体的で実現可能な個人目標を決めることができるようにする。具体的には、主体的に歯磨きに取り組んでいきたいことを目標にする（以下資料参照）。その後、意思決定した内容を互いに発表し合う時間を設けて必要に応じ修正を行った。

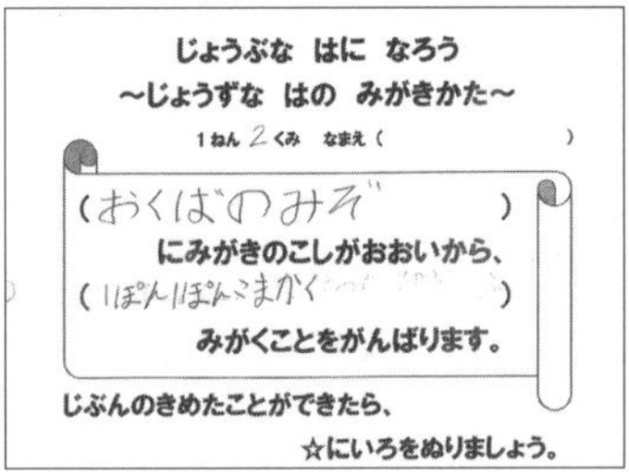

じょうぶな　はに　なろう

〜じょうずな　はの　みがきかた〜

1ねん 2くみ　なまえ（　　　　　）

（おくばのみぞ　　　　）

にみがきのこしがおおいから、

（1ぽん1ぽんこまかく　　　　）

みがくことをがんばります。

じぶんのきめたことができたら、

☆にいろをぬりましょう。

児童が実際に意思決定した内容

意思決定した歯の磨き方を発表する様子

⑤ 6 年生からのアドバイスを聞く

6年間むし歯のない6年生から、歯磨きのアドバイスをもらい、実践意欲の向上を図る。

⑥教師の話

今後の実践に向けて、意欲付けを図る。

●事後の活動

①意思決定した内容の実践

本時の授業後3日間にわたり、一人一人が意思決定した内容を意識して実践を行いました。家庭とも連携し、継続的な実践となるように働き掛けました。その結果、実践後に行った2度目の染出しでは、磨き残しが減った児童が87％となり、一人一人が自己の課題を意識して取り組んだことが分かりました。

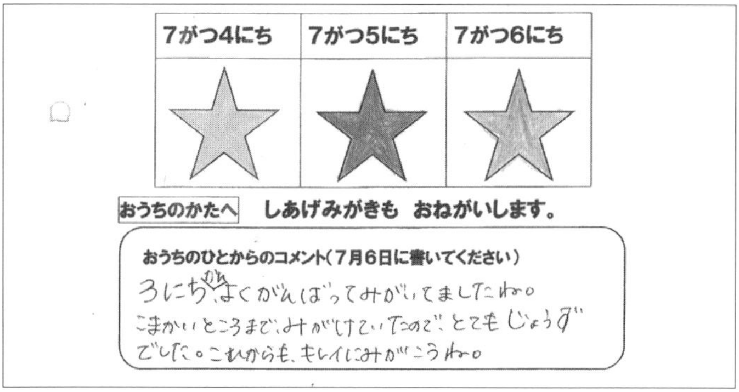

保護者からのコメントをいただき、実践後も継続して頑張ることができるよう、意欲付けを図りました。

②振り返り

実践後に書かれた児童の振り返りには、以下のような内容が書かれていました。

- 磨き残しがないように歯の間も、歯ブラシを細かく動かしてしっかり磨いている。
- 奥歯の溝もしっかり磨いたり、いつもより時間をかけて、長く磨いたりするようになった。
- 縦磨きが簡単になってきた。

これらの記述から、本題材での学習を通して歯磨きの大切さについて考え、自己の課題に気付き、それを解決するために丁寧な歯磨きを継続して取り組んでいこうとする児童の態度を育むことができたと考えられます。

Q28 学級活動(3)は どのような内容？

子供が将来を見通し、「なりたい自分」の実現に向けて「今頑張ること」を意思決定して実践します。

学級活動(3)は何を学ぶ時間なのか

74ページでも述べたように、学級活動（2）と（3）の指導においてはどちらも自己指導能力を育成しますが、「現在の自分の課題を解決する」学級活動（3）は「将来を見通して、『なりたい自分』の実現に向けて今取り組むことを意思決定して取り組む」という違いがあります。

学級活動(3)の内容

学習指導要領では学級活動（3）の内容を、次の３つに整理しています。

ア　現在や将来に希望や目標をもって生きる意欲や態度の形成

学級や学校での生活づくりに主体的に関わり、自己を生かそうとするとともに、希望や目標をもち、その実現に向けて日常の生活をよりよくしようとすること。

イ　社会参画意識の醸成や働くことの意義の理解

清掃などの当番活動や係活動等の自己の役割を自覚して協働することの意義を理解し、社会の一員として役割を果たすために必要となることについて主体的に考えて行動すること。

ウ　主体的な学習態度の形成と学校図書館等の活用

学ぶことの意義や現在及び将来の学習と自己実現とのつながりを考えたり、自主的に学習する場としての学校図書館等を活用したりしながら、学習の見通しを立て、振り返ること。

学級活動（3）は、一人一人の主体的な意思決定を大切にして、今の自分と将来の自分をつなぐ時間であると言えます。これからの学びや生き方を見通し、これまでの活動を振り返るなどして、自らのキャリア形成を図ることは、これからの社会で生きていく上でとても大切なことです。

学級活動(3)で育成を目指す資質・能力の例

学級活動（3）においては、例えば、次のとおり資質・能力を育成することが考えられます。

- 働くことや学ぶことの意義を理解するとともに、自己のよさを生かしながら将来への見通しをもち、自己実現を図るために必要なことを理解し、行動の在り方を身に付けるようにする。（知識及び技能）
- 自己の生活や学習の課題について考え、自己への理解を深め、よりよく生きるための課題を見いだし、解決のために話し合って意思決定し、自己のよさを生かしたり、他者と協力したりして、主体的に活動することができるようにする。（思考力、判断力、表現力等）
- 現在及び将来にわたってよりよく生きるために、自分に合った目標を立て、自己のよさを生かし、他者と協働して目標の達成を目指しながら主体的に行動しようとする態度を養う。（学びに向かう力、人間性等）

各学校においては、例示を参考に、自校の子供たちの実態等を踏まえ、育成することを目指す資質・能力を明確にし、学校全体で共通理解を図って指導をしましょう。

キャリアって何？

「キャリア（career)」の語源は、ラテン語の「わだち」を起源としており、そこから今日の「経歴、来歴」という意味の英語に派生しました。語源からも分かるように、「キャリア」とはその人がそれまで歩んできた道であり、積み重ねてきた歴史です。

キャリア教育は、学校教育全体で行われるものであり、子供たちが現在の学びと自己の将来とのつながりを見通しながら、社会的・職業的自立の基盤となる資質・能力を身に付けることを意味しています。

また、キャリア教育の要が特別活動であることが、平成29年改訂の小・中学校学習指導要領に明確に示されました。

Q29 学級活動(3)は どのように指導するの？

自分のよさや成長を自覚するとともに、希望や目標をもち、「なりたい自分」の実現に向けて可能性を感じられるようにしましょう。

学習過程を意識した指導の充実

学級活動（3）においては、学級活動（2）と同様に課題を年間指導計画に即して取り上げ、教師が意図的、計画的に指導し、話合い等を通して一人一人の考えを深め、実践につなげることを重視しています。そして、事前から事後までの一連の学習過程を重視して指導することが求められます（77ページ参照）。特別活動指導資料では、4つの段階を踏まえた具体的な学習過程を示しています。

展開の工夫

学級活動（3）の「さぐる」段階では、これまでの自分を振り返り、よさや可能性、自分の成長に気付いたり、「なりたい自分」の実現に向けて自分の願いをもったりすることができるようにすることが大切です。その際、学級活動ノートや映像、写真などを活用することで、自分の成長をより実感できるようになり、「可能性への気付き」につながっていきます。

「見つける」段階においては、話合いを通して、「なりたい自分」や「よりよい自分」に近付くための方策について、自分の考えを深めたり広げたりすることができるようにし、互いのよさを認め合いながら、アドバイスし合ったり、励まし合ったりすることで、前向きに考えることができるようにします。そして、具体的なめあてや実践方法を意思決定します。

Q30 学級活動(3)を効果的に指導するには？

問題意識を高める事前指導と、目標実現への意欲を高める事後指導が大切です。

問題意識を高める事前指導の工夫

①アンケートの活用

題材に関わる学級の現状や、子供たち一人一人の思いや考えを事前に調査して把握することで、子供たちの実態を的確につかみ、効果的に提示します。

②ロールモデルとなる人物へのインタビュー

上級生へのインタビューや、身近な方からのビデオメッセージなどを活用して、なりたい自分や目指したい姿を具体的にイメージすることができるようにすることが考えられます。

③これまでの活動を記録し蓄積した資料の活用

特別活動での実践や体験、各教科等の学習、各家庭での積み重ねなど、子供自身が記録したポートフォリオ資料として活用することが考えられます。これまでの自分を振り返り、「自分はこんなに頑張ってきたんだな」と実感することで、将来へのさらなる意欲をもたせることにつながります。

目標実現への意欲を高める事後指導の工夫

学級活動（3）においては、学級活動（2）と同様に、実践後、振り返りを行うことで実践意欲の継続を図り、次の課題解決につなげることが大切です。

また、子供同士の感想の共有や、教師による励ましや評価をすることで、「自分にもできた」「これからも頑張りたい」と、前向きに考えられるようになり、子供の自己有用感や自己効力感につながります。

Q31 学級活動(3)での効果的な「キャリア・パスポート」の活用とは？

自分を振り返って将来への見通しをもつ学習過程で、「キャリア・パスポート」を効果的に活用することができます。

子供が活動を記録し蓄積する教材等についての記載

「キャリア・パスポート」については、学習指導要領や『小学校学習指導要領解説　特別活動編』において、その意義や必要性が説明・解説されています。

文部科学省「小学校学習指導要領」

第１章総則　第３の１（4）

「児童が学習の見通しを立てたり学習したことを振り返ったりする活動を、計画的に取り入れるように工夫すること」

第６章特別活動第２の〔学級活動〕３（2）

「2の（3）の指導に当たっては、学校、家庭及び地域における学習や生活の見通しを立て、学んだことを振り返りながら、新たな学習や生活への意欲につなげたり、将来の生き方を考えたりする活動を行うこと。その際、児童が活動を記録し蓄積する教材等を活用すること」

学習指導要領第６章の「２の(3)の指導」は、学級活動(3)のことを指しています。

文部科学省『小学校学習指導要領解説　特別活動編』
第３章第１節４（2）
「〈前略〉『児童が活動を記録し蓄積する教材等を活用する』とは、こうした活動を行うに当たっては、振り返って気付いたことや考えたことなどを、児童が記述して蓄積する、いわゆるポートフォリオ的な教材のようなものを活用することを示している。特別活動での実践や各教科等における学習過程に関することはもとより、学校や家庭における日々の生活や、地域における様々な活動なども含めて、教師の適切な指導の下、児童自らが記録と蓄積を行う〈中略〉教材である。

子供自ら蓄積する「キャリア・パスポート」を活用する意義

こうした教材を活用した活動を行うことには、例えば次のような３つの意義があると考えられます。

- 小学校の教育活動全体で行うキャリア教育の要としての特別活動の意義が明確になること。→横をつなぐ
- 小学校から中学校、高等学校へと系統的なキャリア教育を進めることに資するということ。→縦をつなぐ
- 子供にとっては自己理解を深めるためのものとなり、教師にとっては児童理解を深めるためのものとなること。→子供と教師をつなぐ

こうした意義等を学校全体で理解した上で、「キャリア・パスポート」を学級活動（3）で活用することが求められます。

各学期の振り返りなど、学級活動(3)の時間が「キャリア・パスポート」を書くだけの時間にならないように、学習過程を意識して指導しましょう。

これまで取り組んできた活動を生かした「キャリア・パスポート」の作成

「キャリア・パスポート」の活用に当たっては、「今あるものやこれまで取り組んできたことを生かす」ということが大切です。自校における学級活動ノートやめあてカード、ワークシート等を活用することはもちろんのこと、例えば学校行事であれば、子供や学校の実態に即し、第５学年では遠足・集団宿泊的行事の自然の教室に重点を置いて、目標を立てたり、実践を振り返ったりする、というように「重点化を図る」工夫が求められます。また、運動会に重点を置き、めあてや振り返りを毎年蓄積して、自己の成長に気付くことができるようにする方法も考えられます。

今ある資料やこれまでの取組を生かす

小学校においては、年度当初の学級活動（3）「○年生になって」で自己の生活や学習の目標を立てたり、学校行事に向けて自分の目標を立て、実践後に自己の取組を振り返ったりしています。その際、めあてカードや振り返りシートなどを作成し、クリアポケットに入れて掲示したり、ファイルに綴じたりしている学級も多いのではないでしょうか。また、学級会ノートに、議題に対する自分の考えや話合いの振り返り、実践後の感想等を記入し、積み重ねていることと思います。

これらのものは全て、子供たちが見通しをもって取り組み、実践後に振り返り、次の学習や生活における課題解決につながるものであり、キャリア形成につながるものであることから、「キャリア・パスポート」を作成する上での基礎資料、いわゆるポートフォリオのような教材であると言えます。

対話的な関わりを大切にする

「キャリア・パスポート」の子供の記述を基に、教師が言葉を掛けたり、助言したり、コメントを入れたりすることはもちろんのこと、発表し合ったり、掲示したりして、互いのよさや頑張りに気付くようにし、子供たちの自己有用感の醸成や自己の変容の自覚につなげていくようにしましょう。

学級活動(3)の目標や内容にふさわしいものとなるようにする

学級活動（3）の特質は、学級活動の目標にあるように、学級での話合いを生かして、将来の生き方を描くために子供たち一人一人が自分に合った具体的な解決方法等を意思決定して実践することです。

「キャリア・パスポート」やその基礎資料の記録や蓄積が、学級活動（3）の時間だけで行われたり、学級活動の年間指導計画において、学級活動（3）が多くなったりしないように留意することが大切です。「キャリア・パスポート」やポートフォリオのような教材は、学級活動（3）において、子供たち自身が各教科等の学びだけでなく、学校生活や家庭生活を振り返り、これからの生活や学習への目標や将来の生き方を見通して、なりたい自分の実現に向けてめあてをもって取り組むことができるようにするために活用するものです。

学年、学校種を越えた引き継ぎ資料となるようにする

「キャリア・パスポート」は子供版の指導要録ではありません。子供たち自身が、学習だけでなく、学校生活での多様な集団活動や家庭生活を振り返ることができるように「蓄積」し、自ら活用できるようにすることが大切です。

そして、学年や学校種を越えた引き継ぎ資料となるようにするためには、「何をつなげていくのか」「どう活用するのか」を学年や学校で話し合い、明確化し、共通理解を図って取り組むことが求められます。

子供たちが自分の成長や頑張りに気付いたり、なりたい自分に向かってよりよく意思決定したりできるように活用しましょう！

●「キャリア・パスポート」実践例①●

学校の教育活動全体で取り組む基本の実践

今までの活動を生かした「キャリア・パスポート」

年度始めの校内研修会において、振り返りの視点や対話的な関わり方について共通理解を図りました。育みたい基礎的・汎用的能力につながるような声掛けを意識し、自己有用感に結び付くような対話的な関わりに努めています。「キャリア・パスポート」の導入に当たっては、何か特別なことや新しいことを始めるのではなく、特別活動での記録のほか、各教科での学習も含めて、一人一人の成長を見つめ育てることを大切にしています。

年度末に、全教職員で取組を振り返る

年度末、校内研修会として全校児童が書き溜めた「キャリア・パスポート」を全教職員で振り返る時間を設けました。1年間を通して児童が自らの成長をどのように自覚したのかを把握することで、次年度の指導に生かすとともに、学校としての「キャリア・パスポート」の取組のよかった点や課題点を見付け、次年度の計画に生かしています。

（富山県氷見市立比美乃江小学校）

● 1年間の「キャリア・パスポート」スケジュール（3年生）

4月	5月	6月	7月	8月	9月	10月
学級活動(3)で今の自分をレーダーチャートで分析。また、1年後にどうなっていたいか考え、そのためにすることの決定。			国語科の授業で書いた「1学期に頑張ったこと」の作文			ひみのえ祭のめあての設定、振り返り（文化的行事と体育的行事を融合した行事。両方の面からめあての設定や振り返りを行った）

実際の記入例（３年生）

年度当初に書いた「今の自分について」

3年生のみなさんへ　28
ー自分と友達《ともだち》とみんないっしょにー
記入日　6月23日
名前
進級おめでとう。いよいよ中学年ですね。中学年で大切にしてほしいことは…
（1）友達ときょう力して活動する中で、かかわりを深めます
（2）自分のもち味を発揮《はっき》し、役割《やくわり》を考えます
友達ときょう力して活動する中で、友達のよさや自分のもち味、役割を考えましょう。
今の自分について考えてみましょう。
①：ほとんどできていない　②：あまりできていない　③：まあまあできている　④：かなりできている
点を線でつないでみましょう。1年後は、形が大きくなるといいですね。
○自分のよいところを見つける。
○自分の気持ちを、分かりやすく友達につたえる。
○しらべたいことがあるとき、自分からすすんでしつもんしたり、本でしらべたりする。
○ゆめや目標《もくひょう》に向かって、べん強や生活のし方を工ふうする。
来年の3月にどんな自分になっていたいですか。
自分のよいところをたくさんみつけみんなのよいところもみつけたいです。
「なりたい自分」に近づくために、がんばりたいことを書きましょう。
よいところを見つけたらノートに書いていく。
メッセージ（友だち、先生、家の人などから）
大丈夫!!　は行動力があり、人の言葉をしっかり聞ける人です。あなたはあなたのままでいてください。やりたいこと、好きな勉強、どんどんやってさらにパワーアップしてください。

年度末に書いた「今の自分について」

3（4）年生　35
3年生をふり返ろう
記入日　3月18日
名前
○「なりたい自分」に近づくためにがんばったことやできるようになったことを書きましょう。
勉強のこと
漢字がむずかしくなったので、漢字練習帳やドリルでがんばりました。字をきれいに書けるようになりました。
生活のこと
休みの日も、7時までにおきたり、9時30分までにねることが出来ました。
友達のこと
1年間で友だちが5人いじょうふえました。キラリみつけではいろんな人のよいところを見つけることが出来ました。
○今の自分について考えてみましょう。
①：ほとんどできていない　②：あまりできていない　③：まあまあできている　④：かなりできている
点を線でつないで4月とくらべてみましょう。形は大きくなりましたか。
○自分のよいところを見付ける。
○自分の気持ちを、分かりやすく友達に伝える。
○しらべたいことがあるとき、自分から進んでしつもんしたり、本でしらべたりする。
○ゆめや目標《もくひょう》に向かって、勉強や生活の仕方を工夫する。
○こんな3（4）年生になったよ！この1年間でふえた、自分のよいところ
わたしは、なんにでもチャレンジしたり友だちのよいところを見つけたりできる人だったので、これからもつづけたいです。
そうですね。友だちのすてきなところを見つけ、それを生かそうとするところが　のよいところです。次はどんな自分に出会えるかたのしみですね。

年度当初と年度末で同じ項目のレーダーチャートを記入し、自分のよさや課題、1年間の自分の成長を児童自身が可視化できるようにしました。また、児童の意欲を高めるために、教師からのコメントも毎回入れています。

11月　12月　1月　2月　3月

3月
学級活動(3)「もうすぐ4年生」で、3年生の1年間をふり返り、今の自分をレーダーチャートで分析

2月
国語科の授業で書いた「3学期に頑張ったこと」の作文

学習発表会の振り返り

1月
総合的な学習の時間の「氷見のとっておきを見つけよう」の作品

12月
学級活動(3)で、2学期までに頑張ったことの振り返り

道徳科の授業で送り合った、友達からの「よいところメッセージカード」

終業式後、全教職員で全校児童の「キャリア・パスポート」を閲覧する様子

●「キャリア・パスポート」実践例②●

前年からのつながりの中で「できるようになった」を実感させる

学校行事と関連させた「キャリア・パスポート」の活用

学校行事と「キャリア・パスポート」をひも付け、キャリア教育を進めています。行事ノートとセットで扱い、目標設定、日々の振り返り、友達からのメッセージなどを保存しています。このように活用することで児童のメタ認知能力が育成され、キャリア発達が促されると考えました。

2学年ごとに区切ったキャリア教育の展開

本校では、「キャリア・パスポート」を低・中・高の2学年ごとに区切り展開しています。これにより、前年度の取組をベースに今の学年での目標を設定することができ、より強固なキャリア形成につながると考えています。

（京都府京都市立岩倉北小学校）

● 1年間の「キャリア・パスポート」スケジュール（6年生）

4月　5月　6月　7月　8月　9月

4月　前年度の「キャリア・パスポート」などを基に、学級活動(3)の授業でこれまでの成長を振り返り、「今の自分について」「この1年間で頑張りたいこと」を記入する。

記入した内容を見せ合っている様子

5月　修学旅行の目標設定、振り返り（集団宿泊行事の視点から目標を設定する）

7月　1学期の振り返りと、夏休みの目標、取り組むことの設定

8月　1学期の振り返りを基に、2学期に頑張りたいことの設定

9月　運動会の目標を設定（前年度を基に、6年生の目標を設定する。自分のキャリアステージの向上を明確にする）

実際の記入例（運動会の例）

5年生

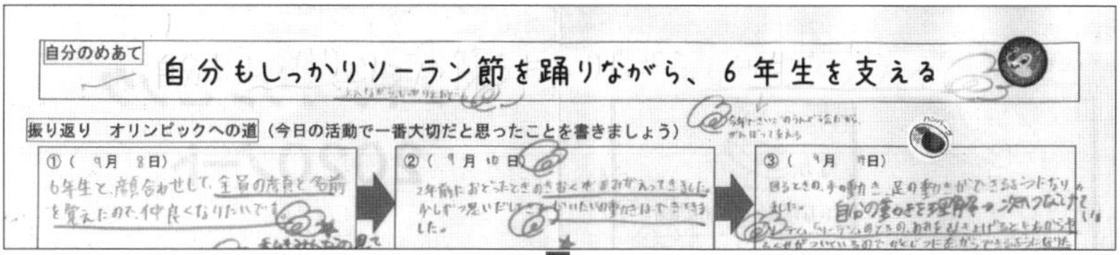

6年生

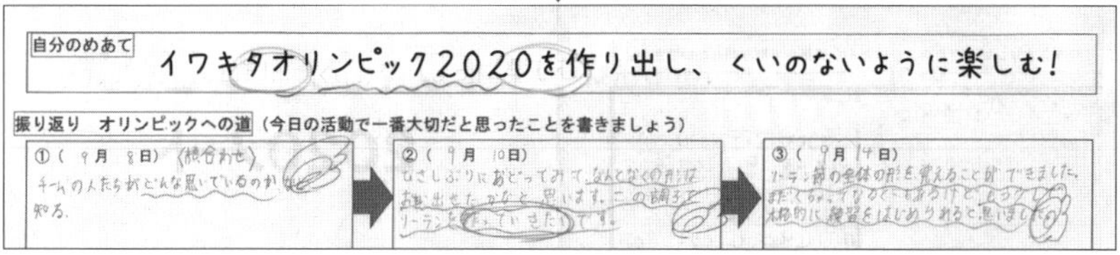

運動会の目標設定では、5年生のときの運動会のがんばりカードを振り返り、去年できたことや課題を踏まえた上で、6年生では最高学年として、下級生をリードするなどさらにレベルアップしためあてが立てられるように指導・助言をしています。

10月　11月　12月　1月　2月　3月

- 11月：学習発表会の目標を設定
- 12月：2学期の振り返りと、冬休みの目標、取り組むことの設定
- 1月：2学期の振り返りを基に3学期に頑張りたいことの設定
- 3月：1年間の振り返りをする。卒業を前に「決意表明」をワークシートに記入

学級活動(3)
実践
5

最高学年に向けて意識を高める学級活動(3)の実践

京都府京都市立松陽小学校

実践学年　第５学年

◆題材　「もうすぐ最高学年！」

(ア：現在や将来に希望や目標をもって生きる意欲や態度の形成)

ねらい　最高学年への進級に向けて１年間を振り返り、これまでの経験を６年生で生かすために「なりたい６年生」や、そのために取り組むことについて話し合い、今から頑張ることを考える。

題材について

●児童の実態

本学級は、明るく元気で素直な児童が多く、何事にも前向きに自分から楽しもうと取り組む姿や、課題に対して最後まで真面目にやり遂げようとする姿が多く見られます。また、１年間の学級活動を通して、集団としての協働の意識をもつとともに、自己の課題発見とその改善に向けた意思決定と実践を積み重ね、高学年としての意識を高めてきました。

本実践では、1年間の自己の成長を振り返り、今の自分を見つめ、「なりたい６年生」に近付くために取り組むことを話し合い、自分が取り組むことを決めることを通して、自信をもって進級できるようにしたいと考えました。

●題材選定の理由

本実践を行った２月は、進級に対して期待と不安が入り混じる時期です。５年生から６年生への進級はこれまでとは違い、最高学年としての自覚をもつことが必要です。本題材を通して、今後様々な場面で中心となって活動する機会が増えることを認識し、これまで以上に自分の力やよさを発揮しようとする意欲を高めたいと考えました。

　５年生での学習や生活を振り返ることで自分の成長に気付き、その上で「なりたい自分」を設定し、今の自分にできることを考え、実践することを通して、自信をもって進級できるように本題材を設定しました。

事前の指導

●事前の準備

①アンケートの実施

　本実践では、児童がこれまでの自分たちの頑張りを想起できるよう、事前アンケートを実施しました。「キャリア・パスポート」も活用し、「これまで頑張ってきたこと」「やりとげたこと」「挑戦したこと」などを事前に引き出しておくことで、本時の話合いにスムーズに入ることができるようにしました。

②６年生のインタビュー動画の活用

　６年生の児童にインタビューをし、当日の授業でその映像を流しました。６年生がどのようなことを意識して活動したり、最高学年としての役割を果たしたりしてきたのかを、６年生本人の言葉で聞くことによって、「最高学年になるのだ」という自覚をさらに高めることをねらいとしました。

本時の活動

●本時の話合い

①授業の流れ

　本時の授業は、「つかむ」「さぐる」「見つける」「決める」の４段階で学習を進めました。

「つかむ」の段階では、事前のアンケート結果を提示し、児童がこれまで頑張ってきたことや、自分たちの成長を実感できるようにしました。

　その後、「さぐる」の段階で「６年生になると、どのような活動があるだろう」「６年生への進級は、今までの進級と何が違うだろう」といったことを話し合いました。話合いの中では、最高学年での１年間は、自覚や責任が必要になってくるということを児童自身が気付いていました。

アンケート結果とともに児童がこの１年間で頑張ってきたことの写真を見せて、成長を実感できるようにしました。

②インタビュー動画の活用

「さぐる」の後半では、６年生のインタビュー動画を活用しました。児童は真剣なまなざしで動画を視聴し、「今の６年生は、どのようなことを意識して、１年間を過ごしてきたのか」ということを、６年生本人の言葉で聞くことで、６年生としての活動にさらなる意欲をもつことができていました。

③意思決定をする

「見つける」の段階で、「6年生の話を聞いた上で、自分たちはどのような6年生になりたいか」「そのために、今から頑張れることは何か」を全員で話し合いました。話合いでは「周りに流されずに行動する」「自分から地域の人に挨拶をする」など様々な取組が出されました。

最後の「決める」の段階では話し合ったことを参考に、ワークシートに「6年生としてなりたい姿」と「そのために、今から頑張ること」を意思決定しました。

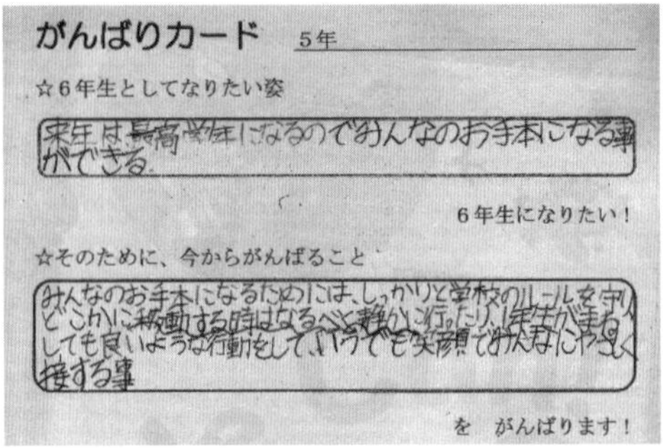

●決めたことの実践と振り返り

①決めたことの実践

本時で意思決定したことを頑張る期間として、１週間程度の時間を設けました。その間、決めたことを意識した生活を行い、「なりたい自分」の実現に向かって生活や学習に取り組み、できたかどうかを自己評価しました。

②振り返り

活動後は振り返りの時間を設け、自身の取組に対してよかったところや、もう少し頑張りたいところなどをワークシートに書いて発表し合いました。

下のワークシートの児童は、自身の行動のよかったところを振り返りつつ、継続して頑張っていきたいこと、「6年生としてなりたい自分」に近付くために、さらに頑張りたいことなどを考えることができていました。

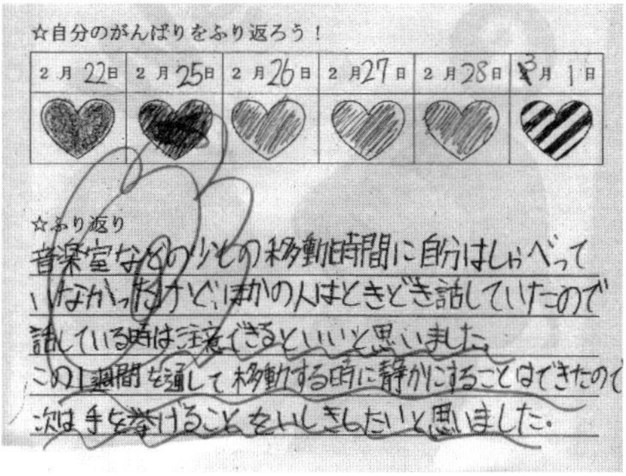

☆自分のがんばりをふり返ろう！

2月22日	2月25日	2月26日	2月27日	2月28日	3月1日

☆ふり返り

音楽室などの少しの移動時間に自分はしゃべっていなかったけど、ほかの人はときどき話していたので話している時は注意できるといいと思いました。この1週間を通して移動する時に静かにすることはできたので次は手を挙げることをいしきしたいと思いました。

学級活動(3)
実践
6

委員会活動を通して、働くことについて考える学級活動(3)

東京都新宿区立落合第三小学校

実践学年　第５学年

◆題材　「考えよう、働くことの大切さ～委員会活動を通して～」

(イ：社会参画意識の醸成や働くことの意義の理解)

ねらい　委員会活動の意義を理解し、自分が果たす役割について考え、今後どのように委員会活動に取り組むのかを決めることができる。

題材について

●児童の実態

５年生は委員会活動が始まり、高学年としての役割意識の高まりが期待される学年です。本学級の児童の中には「高学年として自覚をもち、学校のみんなのために働く」という意識が芽生え、毎回の当番の仕事に責任をもって取り組んだり、お互いに声を掛け合ったりして協力し合う姿が見られます。その一方で、全体としてよりよい学校生活を目指すために、諸問題から課題を見いだして、その解決に向けて取り組もうとする自発性が不足していると感じていました。そこで、委員会活動に責任をもって前向きに取り組む意欲を高め、役割を果たす意義を感じさせたいと考えました。

●題材設定の理由

これまでに本学級の児童は、自ら目標を立てて取り組むことの意義や、学級内での当番・係活動を通して働くことの大切さなどについて学んできました。本題材を学習することで、これまで行ってきた委員会活動が、みんなの役に立っており、ひいては自分の成長につながっていることに気付くことで、より一層高学年としての自覚をもって取り組めるようにしていきたいと考えました。そうすることで今後の委員会活動の計画や運営に主体的に取り組み、学校生活の充実と向上を図ろうとする態度を養っていきたいと考えました。

●事前の準備

①委員会活動についてのアンケートの実施

事前に委員会の取組についてのアンケートを行いました。その結果から、８割以上の児童が欠かさずに委員会活動の仕事に取り組んでいるものの、６割の児童は「委員会活動をしてよかったと感じたことはない」ということが分かりました。また、「委員会活動が好き」と回答した児童は半数以下であったことから、本時の学習では、まず、「欠かさずに取り組んでいるが、やってよかったと実感できていない」という実態を「責任をもって活動に取り組んでよかった」と思えるようにすることが必要であると考えました。

②他学年からのメッセージや動画の準備

本実践を行った令和２年度は、６年生が各委員会活動の仕事内容を紹介した動画を撮影し、全校児童に知らせました。その後、１～４年生が視聴し、各委員会へ「ありがとうカード」を書くという取組を行いました。本時でもその動画と「ありがとうカード」を活用し、「自分の役割を果たしてよかった」と思える動機付けとして活用しました。

また、委員会についての６年生のインタビュー動画も準備しました。

下学年からの「ありがとうカード」

●本時の話合い

①アンケート結果の発表

アンケートの結果から、今まで子供たちが一生懸命に委員会活動取り組んできたことを認めるとともに、欠かさずに仕事に取り組んでいる人が多いが、委員会活動をしてよかったと感じたことは少ないことに対して、どう思うか投げ掛けました。

②下学年からの感謝の動画や手紙を見る

内容を見た児童からは、「今までやってきてよかった」「感謝されてうれしい」などの声が挙がりました。また、「誰かが喜んでくれたり、自分の頑張りが認められたりすると自分もよい気持ちになる」という児童の意見を全体で共有しました。

③6年生の委員会活動に取り組む思いを知る

6年生からのインタビュー動画から、どのようなことを大切にして委員会活動に取り組むとよいのかに気付かせました。動画視聴後には、気付いたことや考えたことを全体で話し合いました。児童からは「誇りをもって取り組む」「みんなが楽しい学校生活を送るために」といった意見が出されました。

④今後の委員会活動にどのように取り組んでいけばよいかグループで話し合い、ホワイトボードにまとめる

話合いの中で出た意見には、なぜそう思ったのか理由も考えて書くように伝えました。6年生の言葉を基に、話合いが進んでいました。

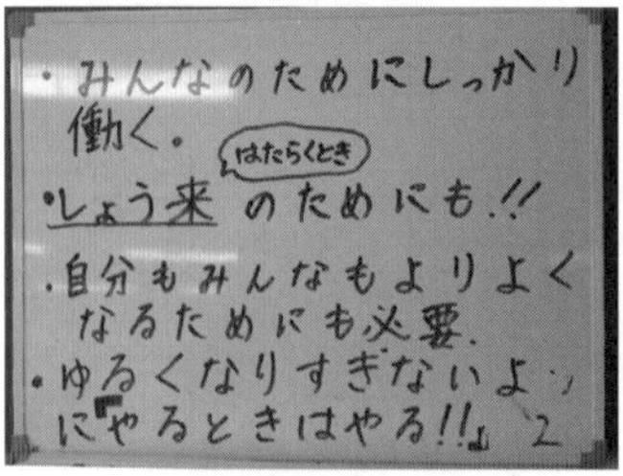

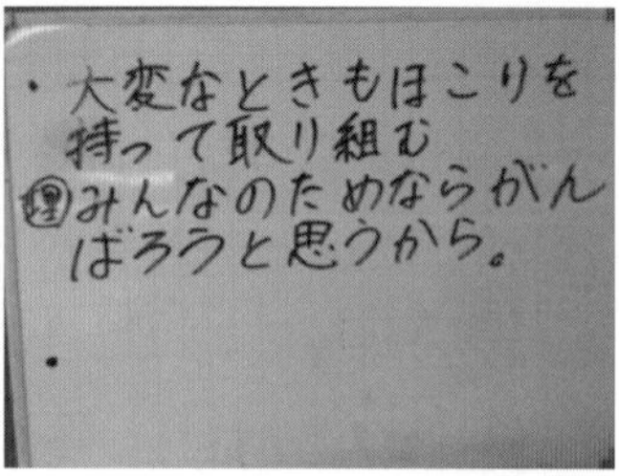

事後の活動(実践と振り返り)

⑤これまでの委員会活動を振り返り、今後のめあてを意思決定する

グループで話し合った考えを全体で共有しました。自分のこれまでの委員会活動を振り返ってこれからのめあてを決めました。

●事後の活動(実践と振り返り)

①その後の委員会活動(決めたことの実践)

その後の委員会活動では、「学校のみんなが楽しく過ごすことができる」「みんなのためになる」ことをポイントに、どのようなことをやっていくかを各委員会で話し合い、実践しました。「お昼の放送を工夫して楽しいものにしたい」「校庭のビオトープを復活させたい」「図書委員会と給食委員会で協力して給食のメニューを考えたい」「挨拶運動をして学校を元気にしたい」など、常時活動以外にも創意工夫をしながら活動をしようとする姿が各委員会で見られました。また、月ごとに振り返りをすることで、委員会活動への意識を一層高めていました。

②振り返り

児童の以下のような振り返りから、働くことの意義についての理解や参画意識の高まりが見られました。

- 学校のために働いたことで、働くことの大切さが分かった。自分たちの力で、学校がよい方向に向かうことができたと思う。
- 委員会活動を通して、人の気持ちを考えて行動することができた。「こうしたらみんながうれしいかな、喜んでくれるかな」と考えて活動することができた。
- みんなのために働くことができた。前は恥ずかしくてあまり発言できなかったけれど、高学年として頑張ることができた。

第3章

児童会・クラブ活動

第３章　児童会活動　クラブ活動

高学年の子供たちが中心になって、子供たち自身で
楽しく充実した学校生活をつくる

児童会活動

P112へ

1. 目標

異年齢の児童同士で協力し、学校生活の充実と向上を図るための諸問題の解決に向けて、計画を立て役割を分担し、協力して運営することに自主的、実践的に取り組むことを通して、第１の目標に掲げる資質・能力を育成することを目指す。

2. 内容

(1)児童会の組織づくりと児童会活動の計画や運営

児童が主体的に組織をつくり、役割を分担し、計画を立て、学校生活の課題を見いだし解決するために話し合い、合意形成を図り実践すること。

(2)異年齢集団による交流

児童会が計画や運営を行う集会等の活動において、学年や学級が異なる児童と共に楽しく触れ合い、交流を図ること。

(3)学校行事への協力

学校行事の特質に応じて、児童会の組織を活用して、計画の一部を担当したり、運営に協力したりすること。

(「小学校学習指導要領」第６章特別活動)

「好きなことって楽しい」「みんなで協力してやるともっと楽しい」ことに気付いて、個性を伸ばす

クラブ活動

P128へ

1. 目標

異年齢の児童同士で協力し、共通の興味・関心を追求する集団活動の計画を立てて運営することに自主的、実践的に取り組むことを通して、個性の伸長を図りながら、第1の目標に掲げる資質・能力を育成することを目指す。

2. 内容

(1)クラブの組織づくりとクラブ活動の計画や運営

児童が活動計画を立て、役割を分担し、協力して運営に当たること。

(2)クラブを楽しむ活動

異なる学年の児童と協力し、創意工夫を生かしながら共通の興味・関心を追求すること。

(3)クラブの成果の発表

活動の成果について、クラブの成員の発意・発想を生かし、協力して全校の児童や地域の人々に発表すること。

(「小学校学習指導要領」第6章特別活動)

Q32 児童会活動では どのような力が育つの？

異年齢の子供が協働し主体的に課題の解決に関わる力、積極的に集団や社会に関わるために必要な力が育ちます。

児童会活動で育むもの

児童会活動は、学校の全ての子供をもって組織する児童会によって、学校全体の生活を共に楽しく豊かにするために自発的、自治的に行われる活動です。児童会活動においては、異年齢の子供たちがよりよい学校生活を築くために、諸問題を見いだし、これらを自分たちの手で解決していきます。右の構造図に示したように、代表委員会活動、委員会活動、児童会集会活動の３つの形態があります。

児童会活動で育まれた資質・能力は、主権者教育の視点からも、将来多様な他者と協働しながら、地域の課題を自分のこととして捉えて主体的にその解決に関わり、社会に積極的に関わっていくために必要な資質・能力につながるものです。

代表委員会や各種委員会などにおいて、年間だけでなく、１単位時間の活動や児童会集会活動に向けての取組においても、一連の学習過程を大事にして、子供の資質・能力を育むことが求められています。

第１の目標に掲げる資質・能力を育むためには、児童会活動で育成を目指す資質・能力として、例えば、次のようなことが考えられます。

- 児童会やその中に置かれる委員会などの、異年齢により構成される自治的組織における活動の意義について理解するとともに、その活動のために必要なことを理解したり、行動の仕方を身に付けたりするようにする。（知識及び技能）
- 児童会において、学校生活の充実と向上を図るための課題を見いだし、解決するために話し合い、合意形成を図ったり、意思決定したり、人間関係をよりよく形成したりすることができるようにする。（思考力、判断力、表現力等）

- 自治的な集団活動を通して身に付けたことを生かして、多様な他者と互いのよさを生かして協働し、よりよい学校生活をつくろうとする態度を養う。（学びに向かう力、人間性等）

児童会活動の構造図

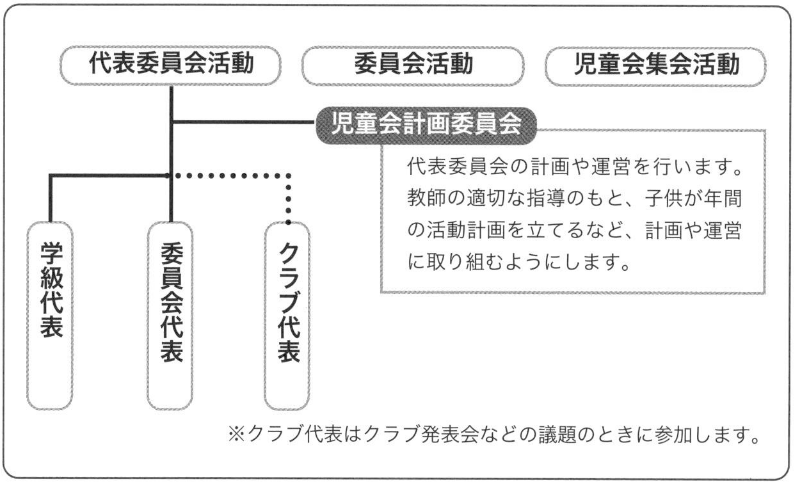

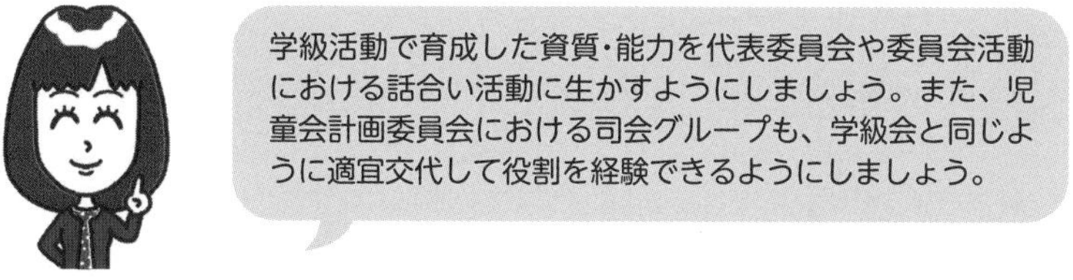

自発的、自治的な活動のために

児童会は全校児童で組織する異年齢集団です。児童会での活動においては、学校全体で学校の全ての子供が主体的に活動に参加することができるようにすることが求められます。

- 学校の全ての教師によって児童会活動を推進するための指導体制を確立すること
- 児童会の計画や運営を行う子供に積極的に関わるなど、組織的な指導に努めること

Q33 児童会活動はどのように指導するの？

子供たちが自分たちで問題を発見し、自分たちの学校生活をよりよいものにしていけるようにします。

児童会活動の基本の学習過程

代表委員会や各種委員会などの組織における年間の活動や、1単位時間の活動、一つの集会活動に向けて取り組む一連の活動は、おおむね下の図のような流れで展開します。

児童会活動

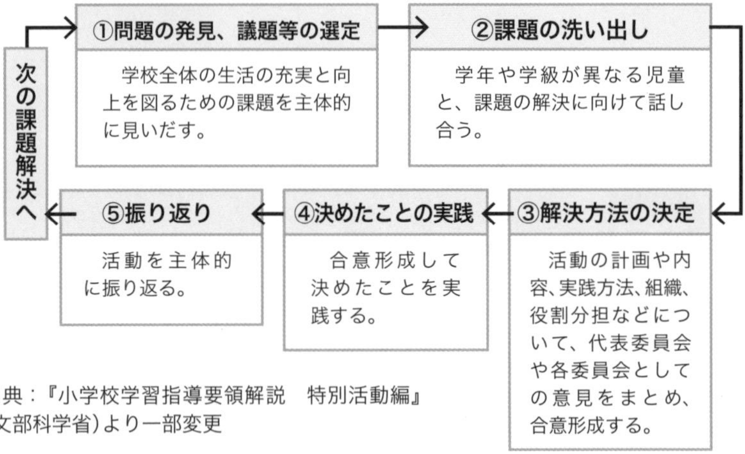

出典：『小学校学習指導要領解説　特別活動編』（文部科学省）より一部変更

主権者教育の視点からも、自発的、自治的能力を育成することが求められます。

Q34 児童主体の代表委員会を実現するには？

下学年の子供の意向も反映して継続的に活動できるような仕組みをつくることが大切です。

代表委員会は、主として高学年の各学級の代表の子供たちが参加し、児童会として学校生活の充実と向上を図るために、学校生活に関する諸問題について話し合い、その解決を目指した活動を行います。代表委員会を実施するためのポイントは、次のとおりです。

時間を確保する

- 各学年の教師が参加や参観しやすい時間に設定する。

全ての子供の思いや願いを生かす

- 話合いの計画や準備等を行い円滑に運営する組織として、児童会計画委員会などを設置し、適宜交代して役割を担い、学級会における計画委員会の経験を生かして活動できるよう工夫する。
- 朝の時間等を利用し、話合いの場を設けて学級の意見を取りまとめたり、委員会の意見も事前の委員会の時間を利用して取りまとめたりして、子供一人一人の意向を生かすようにする。

子供の活躍の場をつくる

- 低学年、中学年の子供の意見を聞いたり、決まったことを全校児童に伝えたりする仕組みをつくる。学校掲示を活用したり、児童会集会活動に代表委員会の連絡事項を伝える時間を設けたりする方法がある（詳細は Q37 参照）。
- 各委員会へのお知らせを輪番制にするなど、全員に出番を設けるようにする。

活動を振り返り、次につなげる

- 定期的に活動を振り返る場を設け、頑張ったことを称賛し、次の活動への意欲付けを図る。

Q35 自発的、自治的な委員会活動に必要なことは？

子供一人一人が役割を果たし、自己有用感や達成感を味わうことができるようにすることです。

子供が発意・発想を生かして活動できる環境整備

委員会活動は、主として高学年の全ての子供がいくつかの委員会に分かれて、学校全体の生活を共に楽しく豊かにするための活動を分担して行うものです。学校が定めている学校生活を維持するための活動を行う場合にも、子供の願いや発意・発想を生かし創意工夫して指導計画を作成するなど、自主的、実践的に取り組むことができるようにする必要があります。こうした委員会活動の特質を生かした指導のために留意したいことを以下に例示します。

①子供の発意・発想を生かした委員会を設置する

例えば、自然環境に恵まれた地域の学校では、校内外の自然を楽しんだり、保全や保護活動をしたりする委員会を設置するなど、学校の特色を生かすように指導しましょう。子供の取組への興味・関心を高めることができます。

②各委員会への所属は通年制を基本とする

委員会に所属する子供の経験が生かされやすくなり、見通しをもって協力して活動する力の向上が期待できます。また、上級生が経験を生かして下級生に教える機会が増え、上級生が自己有用感を得たり、下級生が目標をもったりすることにつながります。さらに、長期間の取組の中で、子供が成長や変容を確かめたり、次の活動への目標を立てたりすることができます。

途中で変更希望があった子供には、継続して活動するように指導することが望ましいですが、事情によっては、適当な機会に変更を認める配慮が必要な場合もあります。

③一人一人の子供が自己の責任や役割を果たすように指導する

役割を果たしていく過程で、仲間と自己有用感や達成感を味わうことができます。

委員会活動が子供による自発的、自治的な活動であり、委員会活動を通して異年齢の子供の人間関係を形成したり、社会参画の態度を育てたりするという教育的な意義があることを全教職員で共通理解を図るようにすることも大切です。

また、学年や学級が異なる子供により構成される委員会は、一人一人の経験に違いが見られます。一人一人の個性が発揮され、協働による集団活動を展開するためには、そのような中でも人間関係を密にすることが必要です。

④児童会集会活動の振り返りポスト等の設置

学校内に児童会集会活動や委員会活動などについての意見や感想、感謝を伝える場所を設置している学校もあります。

下の写真の京都市立陵ヶ岡小学校では、「振り返りポスト」を設置し、さらにポストに寄せられた意見や提案などを掲示することで、活発な意見交流を啓発していました。

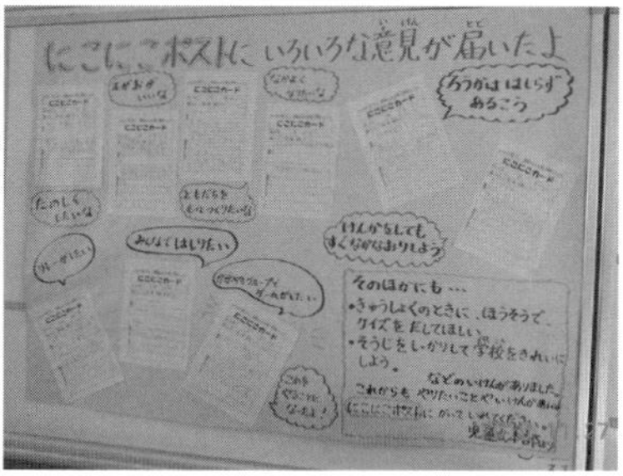

Q36 児童会集会活動の指導のポイントは？

ねらいを明確にして活動できるようにすること、活動の振り返りを次の活動に生かすようにすることです。

異年齢による交流の場を生かす

児童会集会活動は、児童会の主催で行われる集会活動です。学年や学級の異なる子供と共に楽しく触れ合い、交流を図ることによって、異年齢集団におけるよりよい人間関係を深める活動などが考えられます。その際、単なる交流にならないようにし、ねらいを明確にして活動できるようにすることが大切です。異年齢による活動を通して、上学年は下学年に対して思いやりの気持ちをもつことで､責任感や自己有用感が高まります。また、下学年は上学年に対してあこがれや感謝の思いが高まることが期待されます。

それぞれの活動過程で育成を目指す資質・能力を明確にして、異年齢集団による交流のよさを重視して計画や運営ができるようにし、実践後の振り返りを行いましょう。そして、それを次の活動に生かすことで、子供の自発的、自治的な活動を効果的に進められるようにしていきましょう。

Q37 全校児童の児童会活動への参画意識を高めるには？

児童会室の経営や掲示物等を工夫し、全校児童に活動を積極的に知らせましょう。

児童会活動の計画や運営は主として第５学年及び第６学年の子供が行いますが、活動のねらいや内容に応じて、全学年の子供が主体的に活動し、資質・能力を育むことができるようにすることが特に大切です。

学校生活の改善や充実・向上に向けて、子供の意識を高めるために、以下のような児童会経営の工夫や掲示物などの環境整備を行い、子供の参画意識を高めます。

- 児童集会の感想を全校児童に募集し、掲示をする。
- 毎月児童会の掲示物を更新して、活動の積み重ねが分かるようにする。
- 代表委員会で話し合って決まったことの報告を掲示するなどして、参画意識を高める。
- 低学年の学級には事前に意見を聞きに行き、児童会活動に反映されるようにする。
- 各委員会へのお願いやアイデア、活動のお礼などを掲示する。

また、低学年の教師が代表委員会に参加するなど、組織的な指導に努めることが大切です。

児童会活動の活性化や充実には、学級における指導が大きく影響します。学級活動において自発的、自治的な活動を助長するための指導を適切に行うことにより、子供の参画意識や自治的能力が向上し、そうした学級活動の経験が児童会活動に生かされ、児童会活動も活発になります。そして、児童会活動で経験した多様な活動が学級生活に生かされ、学級や学校の生活をより一層充実したものにしていく、相互によい影響を与え合う好循環を生み出していきたいものです。

児童会活動
実践
7

主体的な組織づくりを生かした実践　図書委員会「読書月間での取組について考えよう」

東京都北区立西浮間小学校

●はじめに

本校では令和２年度の校内研究の主題を「目標や希望に向かって、仲間と共に高め合う児童の育成～自ら育つ指導の工夫を通して～」とし、特別活動の研究に取り組んできました。

児童会活動では、異年齢の児童同士で学校生活の充実と向上に向けた委員会活動の計画を立てたり、協力して運営したりすることに自主的・実践的に取り組むことを通して、資質・能力の育成を目指しています。

●児童会活動についての教師間の共通理解

年度初めに年間の児童会活動の日時を設定し、年間を通して計画的に取り組めるようにしています。また、全教職員で目標とする児童の姿の共通理解を図り、評価の観点や指導上の留意点などを明確にしています。

●実践（図書委員会）

議題　「読書月間の取組について考えよう」

提案理由	積極的に図書室を利用して、みんなにたくさん本を読んでほしいから。
話し合うこと	①スタンプラリーとクイズの取組についての工夫を考えよう ②役割分担をしよう
決まっていること	①期間は読書月間中の１か月 ②取り組むこと：スタンプラリー、クイズ、飾り付け、おすすめの本紹介

●事前の活動

①図書委員計画委員会による議題選定

委員長を中心に図書委員計画委員会を組織し、11～12月の読書月間に向けてどのような活動をしたいか話し合った際、昨年度の読書月間の取組が充実していて、児童が高い関心をもっていることが分かりました。それにより、本年度も早い段階から読書月間に関する期待の声があがっていたため、読書月間を図書委員会としてよりよいものするために本議題が選定されました。

②意見を出し合い、くらべ合う

まず、図書委員全員から「読書月間ですること」について意見を集めました。さらに、それら意見に対する賛成意見や心配な点を付せんに書いて、それぞれの思いや考えを伝えられるようにしました。

月１回の委員会活動の限られた時間内で話合いが終わるようにするため、意見を書いた短冊を一定期間図書室に掲示しておき、本の貸し出しなどの委員会の仕事で来たときに付せんに自分の考えを書いたり友達の考えを確認したりできるようにしました。

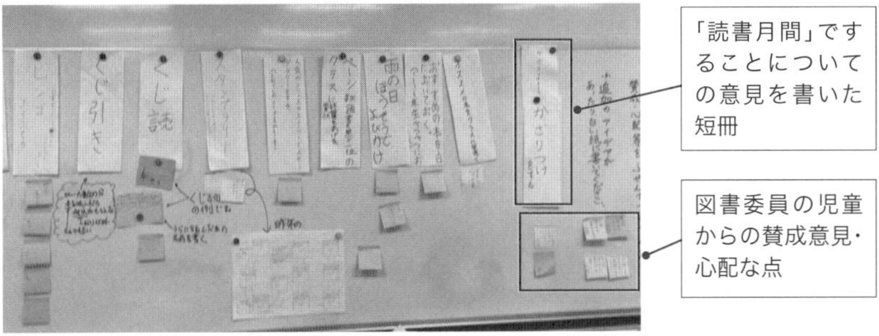

実際のホワイトボード

③話し合うことの決定

「読書月間で取り組むこと」について、付せんに書かれた賛成意見や心配な点を整理し、スタンプラリーとクイズに取り組むことに決定しました。

そして、委員会活動の時間に話し合うことを「スタンプラリーとクイズの取組の工夫」とし、話合いの整理の視点を「みんなに本をたくさん楽しんで読んでもらえるものか」「図書室を積極的に利用してもらえるものか」としました。

●本時の話合い

①話合いの流れ

話合いは、図書委員会全員で提案理由を理解し、話合いの方向性を確認してから始まりました。また、事前に自分の意見を書いた委員会ノートを持って参加することで、5年生も積極的な発言ができるようにしました。

教師は児童から自治的範囲を超えるような意見が出た場合はすぐに指導するなど、必要に応じて助言を行いつつ、あくまで教師が合意形成を方向付けるような指導をしないことを心掛けました。

話し合った結果、スタンプラリーの工夫として「人気シリーズ作品を取り上げる」「低・中・高学年で内容を変える」、クイズの工夫として「高学年も楽しめるような内容にする」「学校の図書室の本を読んだら答えられるクイズにする」に決まりました。低学年のことを考えて発言することができていました。

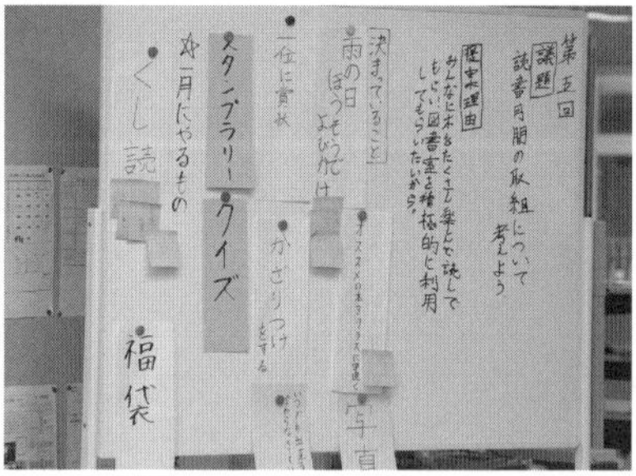

②終末の教師からの助言

話合いの最後に、教師からの話を必ず行います。本時では、

- 計画委員会へのねぎらい
- 積極的に意見を出して話合いをリードした6年生への称賛

などについて話し、児童が自己有用感を感じられるようにし、実践への意欲を高める言葉掛けを行いました。

●事後の活動

①実際の活動

実際の活動では、分担した役割ごとに準備を行い、読書月間を迎えました。用意したくじ引きやスタンプラリーは学年ごとに内容を工夫しており、全校児童が楽しめる取組となりました。
　読書月間最終日には、各学年で最も本を読んだ（ページ数で計測）児童への表彰式も行いました。
　図書委員全員で協力して準備や実践に取り組んだことにより、全校児童が改めて図書室に訪れ、読書への興味・関心を高める機会となりました。

②振り返り

　振り返りでは、まず同じ係同士で話し合い、自分たちの活動について気付いたことを出し合いました。教師からは「ほかの先生にほめられた点」「低・中学年の児童の楽しんでいた様子」などを伝えました。そのことが自信となり、「もっと図書室に来てもらえるように、冬休み明けもイベントをしたい」「本棚に表示をつけて、どこに何があるか分かりやすくしたい」など、次の活動や工夫につながる感想が多く出されました。

●おわりに

　本校の委員会活動における話合いは月に１回の限られた時間ですが、計画委員が中心となり、事前の活動を行うなど、スムーズに進めることができています。
　本実践においても、６年生が中心となり５年生も一生懸命活動していて、まさに異年齢同士での充実した学校生活づくりの活動となりました。

児童会活動
実践
8

「新しい生活様式」下でのICT活用　企画委員会「学校クイズ大会をしよう」

熊本県熊本市立帯山西小学校

●はじめに

本校のある熊本市は、「児童生徒３人に１台」を目安に、平成30年度からタブレットを導入しています。

令和２年度は、学校教育目標「児童も教職員も保護者も『わくわく』する学校づくり―児童と教職員、保護者が一緒になって学校生活を創造する学校―」の下、特別活動を中心に学校をつくっていくことを年度初めに全教職員で共通理解をしました。その中でも児童会活動を中心にした学校づくりを進めることとし、新型コロナウイルス感染症拡大防止のための臨時休業中にも、ICT機器を活用して各委員長と共通理解を図り、活動を進めていくことを決めました。

●臨時休業中の、各委員長と校長との共通理解の場

①１回目のZoom会議

臨時休業中、Zoomで、自宅にいる６年生の各委員長と校長とで、委員会活動について話し合う場を設けました。校長からは、まず前述の学校教育目標の内容を説明しました。「この学校教育目標実現のために、みなさん自身が中心となって委員会活動に取り組んでほしい」と伝えました。

さらに、「この臨時休業中に、学校がよりよくなり、楽しくなるようなアイデアを考えておいてほしい」と伝えました。

②２回目のZoom会議

２回目の会議では、各委員長がそれぞれが考えたアイデアを出し合いました。それをさらに児童同士で話し合い、互いのアイデアをブラッシュアップしていき、各委員会が年間を通して目指す方向性を明らかにしました。

臨時休業明けには、その方向性をプレゼンテーションにまとめたものをまだ所属する委員会が決まっていなかった５年生が視聴できるようにし、委員会を決める参考になるよう工夫しました。

Zoom 会議は、各家庭のタブレット端末を利用するなど、保護者の協力を得ながら進めました。

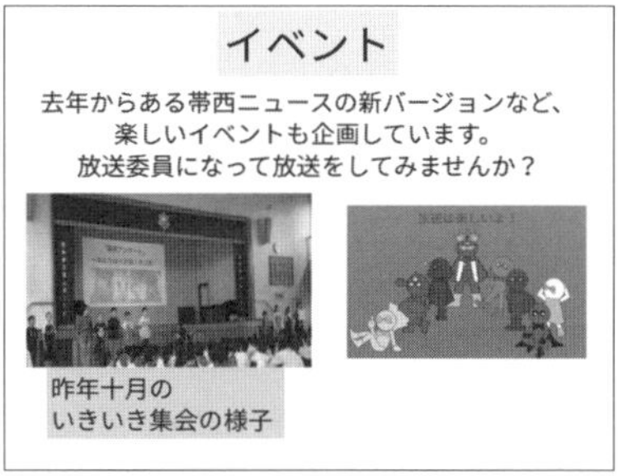

５年生は、６年生が制作したプレゼンテーションを見て、どの委員会で活動をしたいか真剣に考えていました。

●実践(企画委員会)

議題「児童集会で密にならない企画をやろう」

提案理由	３密を避けた全校で楽しめる集会を工夫してやりたいと思ったから
話し合うこと	①何をするか　②どのようなやり方でするか
決まっていること	①木曜日の児童集会で行う ② Zoom、ビデオを使っての集会

●事前の準備と本時の話合い

①議題選定の理由

本校では毎週木曜日の朝の20分間に児童集会を行っています。その時間でやることの企画を各委員会が輪番で担当し、毎回、全校児童が交流できる集会活動を行っています。令和２年度は、全員が参加して楽しめるという条件以外にも、密になることを避けつつ、どうしたら全校児童の心をつなぐことができるかということも重要な条件としました。

企画委員会では、「学校のことをまだよく知らない１年生から最高学年の６年生までが楽しめて、しかもリモートで全校児童が関わり合える活動をするのはどうか」という案が出ました。そこで、企画委員会全員で話合いを行いました。

②本時の話合い

話合いの中では、「全校児童が関わり合えること」「密にならないこと」「全校児童が楽しめる内容であること」を、意見をまとめる際の視点としました。話合いの結果「学校クイズ」を放送で行うことが決定し、少しでも交流ができるようにしようと、各学年の優勝者には、タブレット端末でインタビュー動画を撮影することも決定しました。

●事後の活動(実際の活動)

①児童集会の様子

　児童集会本番では、企画委員会が放送室から全学級にクイズを配信しました。各学級では、大型ディスプレイにてそのクイズを視聴し、正解だと思うものに手を挙げて参加する形式を取りました。

　放送中、通信がうまくつながらなかったり声が途切れたりするハプニングもありましたが、教師の補助の下、全校児童が楽しめる内容となりました。

クイズ大会は中継をして行われました。クイズを読む係、カメラのチェックをする係など、一人一人がしっかりと自分の役割を担っていました。

②集会後のインタビュー

　児童集会後、各学年で最もクイズに正解した児童に対して、企画委員会がインタビューに行きました。インタビューを受けた児童はとてもうれしそうに質問に答えていました。インタビュー動画は、後日、全学級に放送されました。

　異学年交流をすることが難しい状況の中で、ほかの学年の様子を知ることができる取組となりました。

③ ICT 機器を使って行う児童会活動における教師の指導

　本校でのICT機器を使って行う活動では、児童会活動時にかかわらず、教師から以下のような指導・助言をしています。

● 一方的なZoomやビデオの配信にならないように、児童集会活動の目的である関わり合いがリアルに感じ合えるような企画にする。
● 編集したビデオなどをYouTubeなどに公開しない。
● ICT機器の操作、当日の動きなどのリハーサルを確実に行う。

●振り返り

本校では、学期末に委員会ごとに活動の振り返りを行っています。そこでは、初めてのリモートでの児童集会でうまくいかなかったところを児童が話し合い、次回につなげようとしている姿が見られました。

また、委員長が集まっての振り返りも同時期に行っているので、ほかの委員会での取組での気付きなども伝え合い、活動の改善に努めていました。

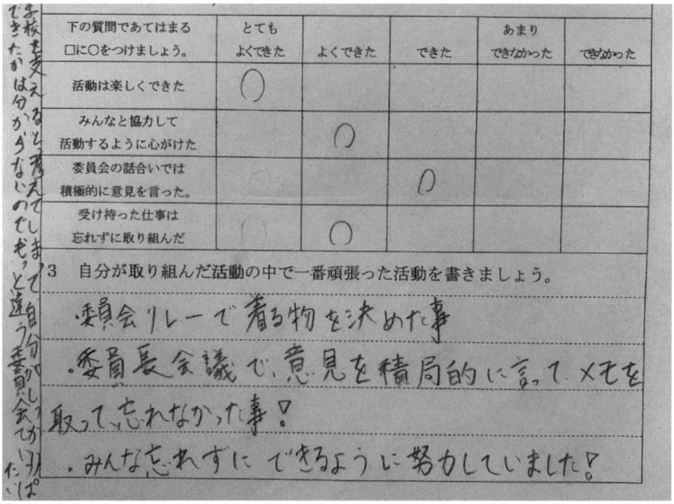

下の質問であてはまる□に○をつけましょう。	とてもよくできた	よくできた	できた	あまりできなかった	できなかった
活動は楽しくできた	○				
みんなと協力して活動するように心がけた		○			
委員会の話合いでは積極的に意見を言った。			○		
受け持った仕事は忘れずに取り組んだ		○			

3 自分が取り組んだ活動の中で一番頑張った活動を書きましょう。

・委員会リレーで着る物を決めた事
・委員長会議で、意見を積局的に言ってメモを取って、忘れなかった事！
・みんな忘れずにできるように努力していました！

●おわりに

今後もICT機器を使用する場面が多くなることと思いますが、機械を通しても児童同士や、児童と教師間の心のつながりを感じられるような取組を進めていきたいと考えます。

Q38 クラブ活動ではどのような力が育つの？

興味・関心があることに、異学年で協力しながら創意工夫して取り組むよさを学びます。

クラブ活動で育むもの

「異学年の児童が共通の興味・関心を追求する」活動であることは、クラブ活動ならではの特質です。右ページに示しているような一連の学習過程を大事にしながら、子供の資質・能力を育んでいくことが求められます。

第１の目標に掲げる資質・能力を育成するために、クラブ活動において育成を目指す資質・能力として、例えば次のようなことが考えられます。

- 同好の仲間で行う集団活動を通して興味・関心を追求することのよさや意義について理解するとともに、活動に必要なことを理解し活動の仕方を身に付けるようにする。（知識及び技能）
- 共通の興味・関心を追求する活動を楽しく豊かにするための課題を見いだし、解決するために話し合い、合意形成を図ったり、意思決定したり、人間関係をよりよく形成したりすることができるようにする。（思考力、判断力、表現力等）
- クラブ活動を通して身に付けたことを生かして、協力して目標を達成しようとしたり、現在や将来の生活に自分のよさや可能性を生かそうとしたりする態度を養う。（学びに向かう力、人間性等）

今次の学習指導要領においては、クラブ活動の内容を具体的に示しています。子供が自ら所属するクラブを選択して活動計画を立てて主体的に活動に取り組んだり、発意・発想を生かして活動したり、全校児童や地域の人々に成果の発表を行ったりするなどのことを明確に示したことで、クラブ活動がより効果的に展開され、充実が図られることを目指したものです。

クラブ活動の学習過程は、例えば下の図のようになります。

クラブ活動の内容として示されている「(1) クラブの組織づくりとクラブ活動の計画や運営」「(2) クラブを楽しむ活動」「(3) クラブの成果の発表」を踏まえ、子供の自発的、自治的な活動が展開されるようにします。

また、「(2) クラブを楽しむ活動」では、1単位時間あるいは数時間などの短期においても、下図の網掛け部分のように、学習過程を意識して取り組みます。

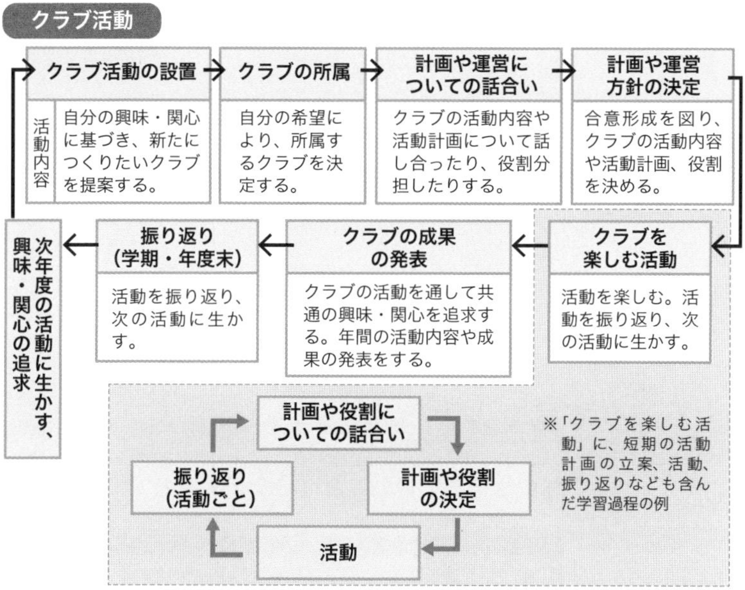

出典：『小学校学習指導要領解説　特別活動編』（文部科学省）より一部変更

各学校においては、「クラブ活動の設置」「クラブの所属」「クラブを楽しむ活動」「クラブの成果の発表」といった一連の学習を踏まえ、年間、学期、月ごとに適切に時間を位置付ける必要があります。

Q39 クラブ活動にはどのような意義があるの？

子供の学校生活の楽しみであるほか、自治的能力や個性の伸長につながる重要な学習活動です。

子供が心待ちにしているクラブ活動の時間

子供たちにとってクラブ活動は唯一、自分で参加するクラブを選び、子供自ら活動計画を立てて実践することができる教育課程です。

クラブ活動は、子供たちにとって学校生活の楽しさだけでなく、充実や潤いにつながるものです。しかしながら、全国的にクラブ活動の時間数は減少傾向にあります。だからこそ、単なる「楽しい時間」ではなく、自治的能力の育成や個性の伸長など、これからの時代を生きる子供たちに必要な資質・能力を育む時間であるということを意識して指導する必要があります。

データで見てみよう

学校生活で楽しいこと（小学５年生）

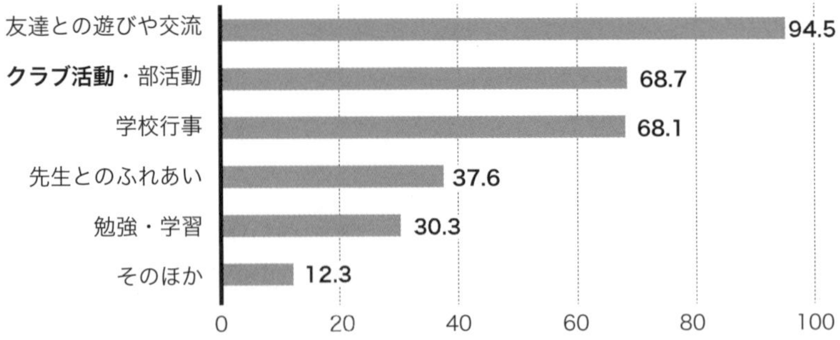

出典：「学校教育に関する意識調査（平成 15 年度）」より一部変更

Q40 クラブ活動の内容を改善・充実させるポイントは？

「適切な活動時間の確保」と「児童自ら計画・運営」ができる環境です。

クラブ活動を充実させる２つの要素

平成28年12月の中央教育審議会答申（以下、答申）では、クラブ活動を通して育成を目指す資質・能力を明確化するとともに、以下のことが指摘されました。

> 特にクラブ活動については、一時間一時間の活動を楽しむということだけではなく、全員にとって楽しいものとなるよう話し合って実践したり、役割や責任を果たしたり、目標をもって参加したりすることで資質・能力の育成につながるよう、年間を通して適切な時間を確保することが望まれます。

これまでも学習指導要領の総則で「児童会活動、クラブ活動及び学校行事については、それらの内容に応じ、年間、学期ごと、月ごとなどに適切な授業時数を充てるものとする」と示していましたが、答申では、子供たちの資質・能力を育成する上で必要な授業時数を「年間を通して適切に」設定することの必要性を改めて指摘されました。

このことを受けて『小学校学習指導要領解説　特別活動編』第１章では、クラブ活動の内容の改善・充実のポイントを次のように示しました。

> 従来に引き続き、同好の異年齢の児童が共通の興味・関心を追求する活動であるとした上で、児童が計画を立てて役割分担し、協力して楽しく活動するものであることを明示した。

Q41 クラブ活動を充実させる取組の工夫とは？

「環境づくり」と「時間の確保」、そして「見通しをもった計画」がクラブ活動充実のカギです。

授業時数の確保

教師の適切な指導の下、自発的、自治的な活動としてクラブ活動を展開するためには、年間や学期、月ごとなどに子供が活動計画を立て、役割を分担し、協力して運営に当たることができるようにする必要があります。「次のクラブ活動はいつだろう」「クラブ活動をするのは、すごく久しぶりだな」などというような状況では、子供が主体的に活動に取り組むことは難しくなってしまいます。子供が見通しをもって、意欲的に活動に取り組めるように、年間や学期、月ごとなどに適切に設定しましょう。学校だよりなどの月ごとの行事予定に示し、保護者に伝えることも大切です。

年間行事予定表に明確に示す

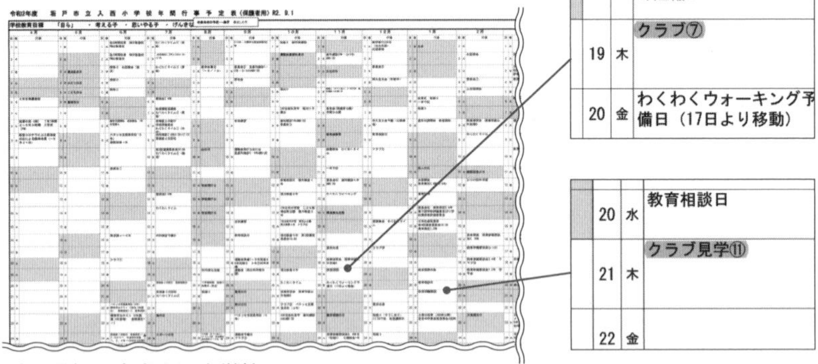

埼玉県坂戸市立入西小学校

入西小学校では、年間行事予定表にクラブ活動を位置付けています。令和２年度は新型コロナウイルス感染症対策により限られた授業日数でしたが、子供たちが充実したクラブ活動を行えるように教師間で検討し、活動時間を確保しました。

子供の希望を生かしたクラブ活動の組織づくり

クラブの組織づくりでは、例えば、年度末に新たに設置したいクラブなどについての希望調査を行い、学校の教職員数や施設などを考慮した上でクラブを設置し、所属についても子供の希望を尊重しながら、異年齢集団による活動が効果的に行われるよう配慮するようにしましょう。

子供の自主的な選択を尊重する工夫として、高学年が設置したいクラブを考えて紹介し、希望者を募り、人数などの条件を満たしているものをクラブとして設置する方法や、体育館などで一堂に会して、所属を決めるなどの方法も考えられます。

クラブ発表会やクラブ見学会をオリエンテーションに生かす

青森県弘前市立朝陽小学校

朝陽小学校では、クラブ発表会が３年生のクラブ活動オリエンテーションを兼ねているほか、実際にクラブを体験できるようにしていました。このような活動により、３年生は、具体的な活動のイメージをもつことができ、次年度のクラブ活動への意欲を高めることができます。

外部講師などの活用・地域との連携

外部講師や地域の教育力を活用して、効果的に活動を展開することも考えられます。地域によっては、クラブ活動が地域の伝統文化を継承している場合もあります。その際、外部講師や地域の方と事前の打ち合わせしっかりと行い、クラブ活動は子供の作成した活動計画を基に、子供の発意・発想を大切にし、子供の話合いによって進めていくものであり、技能の習得だけが目的ではないことをしっかりと伝え、理解していただくようにしましょう。

話合いを生かしたクラブの目標や活動計画の作成

子供が思いや願いを出し合って話し合い、クラブの目標や活動計画を作成することで、全員が見通しをもち、意欲的に活動に取り組むことができます。クラブ活動の話合いにおいても、クラブ担当の教師はクラブ長に任せきりにするのではなく、学級活動における計画委員会の指導と同様、事前にクラブ長と話し合う内容や流れなどについて打ち合わせ、子供が見通しをもって話合いを進めることができるようにすることも大切です。

活動記録カードなどの活用

活動時間を十分に確保するだけでなく、活動記録カードなどを活用して、活動の振り返りを次の活動に生かせるようにすることで、子供の自主的、計画的な取組につながります。その際、学級担任とクラブ担当とが連携を図り、子供の活動のよさや頑張りを共有し、子供の意欲につなげるようにしましょう。

京都府京都市立陵ヶ岡小学校

陵ヶ岡小学校では、クラブ活動の様子が全校児童に分かるように、学校内にクラブ活動コーナーを設け、活動内容を掲示していました。「クラブって楽しいね　クラブって楽しいよ」という見出しの下、各クラブの創意工夫が生かされた活動が紹介されていました。

兵庫県神戸市立東舞子小学校

クラブ活動で活動したことや感想とともに、次回のクラブ活動の計画を示し、子供たちが活動を振り返ったり、見通しをもって活動したり、ほかのクラブの活動を参考にしたりすることができるように工夫しています。

児童会活動との連携

クラブ発表会について代表委員会で話し合う際には、必要に応じて代表委員会にクラブ長が参加して、クラブ活動についての各クラブからの意見を代表委員会に反映させることで、児童会活動とクラブ活動のそれぞれの活動がより充実し発展していくようにすることが考えられます。

また、放送委員会や新聞委員会などの委員会が、各クラブの活動状況を全校児童に放送や新聞などで知らせ、クラブの情報が広く子供たちに伝わるようにすることで、互いの活動の工夫や頑張りに気付き、それらを参考にしながら発意・発想を生かした活動となることが期待できます。

クラブ活動の思い出

特別活動主任時代、子供がクラブを選ぶのと同じように、先生方にも「担当したいクラブ」を選ぶシステムを導入したことがあります。クラブ名を書いた一覧表を職員室に貼り出し、担当を希望するクラブ名のところに自分の名前を書いてもらうのです。一つのクラブに複数の教員が立候補した場合は、特別活動主任が調整するのではなく、子供と同じように先生方で話し合い、折り合いを付けて担当を分担してもらいました。

そのように決めたクラブ活動では、先生一人一人がそれまで以上に一生懸命取り組まれていました。

クラブ活動
実践
9

地域の伝統文化を「学び、つなぐ」クラブ活動

青森県弘前市立岩木小学校

●活動の背景と学校の実態

青森県弘前市岩木地区は、大浦城跡、岩木山神社、五穀豊穣・家内安全を願う「お山参詣」、伝統的な刺し子である「こぎん刺し」など、歴史と伝統文化に恵まれた地区です。

4、5、6年生の児童がクラブ活動に取り組んでいます。その中に地域の伝統文化を学ぶ4つのクラブ活動（津軽三味線クラブ、登山囃子クラブ、こぎん刺しクラブ、ねぷた絵クラブ）があります。これらは、弘前市立中央公民館岩木館と連携した地域の伝統文化を学び継承する活動で、平成8年度に当時の岩木中央公民館との連携で始まりました。それぞれ津軽三味線奏者、登山囃子保存会、岩木かちゃらず会（「かちゃらず」とは刺し子の模様の名前）、ねぷた絵師の地域の方々に指導者として児童の指導に当たっていただいています。

●事前の活動

本校では、より児童主体のクラブ活動となるように実施の方向性を打ち出し、試行錯誤を経て、平成31年度から以下の流れでクラブ活動を行っています。

1月	クラブの振り返り（4～6年） 次年度あったらよいクラブ希望調査（3～5年） 学級会で次年度つくりたいクラブやクラブの進め方についての話合い（5年）
2月	プロジェクトチームを組織、次年度のクラブ決定（5年）
4月	新4、5年生にクラブ紹介のプレゼンと希望調査（新6年）
5月	クラブ組織会、活動開始

また、クラブ設置の基準を次のように定めています。

①4、5、6年生が所属し、異学年交流ができる場を設定する。
②「活動計画を立てる」「実践する」「振り返る」一連の活動を行うため、6人以上のメンバーで設置する。
③児童にも活動内容などを考えさせ、主体的に活動に取り組めるようにする。
④活動を通して新たな発見や活動の満足感、成果などを感じられるような内容にする。
⑤活動の振り返りを大切にし、活動の足跡が見えるようにする。

設置するクラブの決定後、組織に当たっては、成員児童、指導者、担当教員が一緒になり、以下のような活動計画を作成していきます。伝統文化クラブの成果発表は例年だと学習発表会、クラブ発表会、地区文化祭、ＰＴＡ学年行事などがあるので、それぞれの実施時期を見据えながら目標を定めて計画を作成しています。

クラブ組織会で児童が話し合い、年間の活動計画を立てます。決まったことを活動計画シートに記入し、変更が生じたときは修正しながら活動を進めます。

《令和２年度　クラブ活動日予定》

[illegible]	[illegible]	[illegible]	指導依頼日
1	4月21日	6年生によるクラブ紹介 → 4・5年生にクラブ希望調査をする → クラブ組織会までに所属決定	
2	~~5月19日~~	クラブ組織会 ➡ **延期**（6月9日）	
3	~~5月26日~~	➡ **中止**	
4	6月9日	**クラブ組織会（活動開始）**	○
5	6月30日		○
6	7月7日		○
7	9月1日	**前期クラブの反省** → 評価（児童に励ましの文を書く）	○
8	9月29日	3年生クラブ見学会	○
9	10月13日		○
10	~~10月20日~~	※10月22日（木）~~学習発表会予行~~ ※10月23日（金）までにクラブ紹介コーナー設置	○
11	11月17日		○
12	11月24日	クラブ最終日（外部講師の先生に手紙を渡す） クラブの反省 → 評価（良い児童には□に○を）	○

活動計画シートは、クラブごとにファイルに綴じています。クラブ長などが毎回受け取り、その日の活動内容や次回の活動内容などをみんなで確認しながら使っています。

実際の活動計画

●本時の活動

１回60分間、年間12回の活動回数を基本にしており、その中には実際の活動のほか、組織づくり、振り返りの時間を含めています。地域の指導者には全回参加していただいています。令和２年度は新型コロナウイルス感染症拡大防止のための臨時休業等もあり、計画を修正しながら活動を進めました。

実際の活動の一部を紹介します。

①津軽三味線クラブ

「どだればち（津軽甚句）」という曲を三味線で演奏できるように、地域の方が作成した譜面を基に、口伝、実演を通して学んでいきます。

②ねぷた絵クラブ

ねぷた紙という和紙に墨引き、ろうがきを行い、顔料を使って色付けし武者絵を描きます。毎年扇ねぷたの絵を描いている地域の方から、いろいろな技法を教えてもらいながら、自分だけの作品を完成させます。

どのクラブも６年生の経験者をリーダーにしながら、地域の方々から一つ一つ丁寧に技法を教えていただきます。担当教員は活動に必要な準備を事前に行い、クラブ活動の活動時間は児童と一緒に活動に取り組んでいます。

地区文化祭などの成果発表のときには、指導してくださった地域の方々も必ず一緒にいてくださり、児童のフォローをしてくださいます。

●事後の活動（振り返り）

毎回の活動後に振り返りカードを使い、振り返りを行っています。また、年間の活動の前半、後半で自己評価も行っています。さらに、クラブ活動掲示板で作品を掲示して活動の様子を紹介したり、９月には３年生を対象にしたクラブ活動見学会を行ったりしています。

最後の活動時には児童がお礼の手紙を書いて指導者の方々に渡し、感謝のセレモニーを行います。指導者の方々は、児童の上達や成長ぶりを振り返り、手紙についてもたいへん喜んでくださいます。

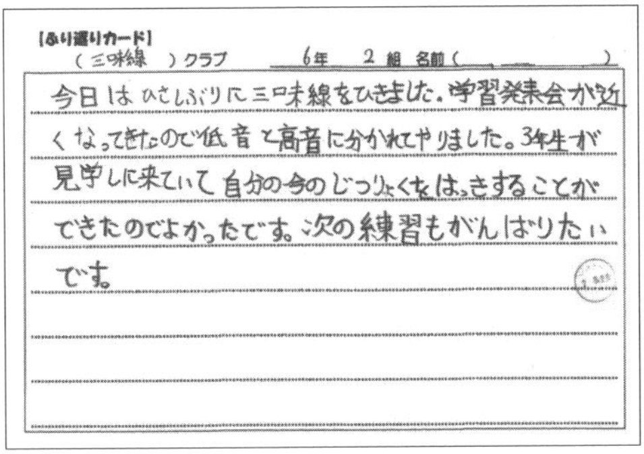
【ふり返りカード】
（三味線　）クラブ　6年　2組　名前（　　　　）
今日はひさしぶりに三味線をひきました。学習発表会が近くなってきたので低音と高音に分かれてやりました。3年生が見学しに来ていて自分の今のじつりょくをはっきすることができたのでよかったです。次の練習もがんばりたいです。

活動をしてみての感想だけでなく、指導者の方から教えていただいたことや、自分ができるようになったこと、次の活動に向けてのめあてなどを書くように指導しています。

●伝統文化のクラブの意義

クラブの組織の変更時には、これまで続いてきた伝統文化のクラブをどう成立させるか悩みましたが、蓋を開けてみるとどのクラブも設置基準人数を満たしました。事前に児童会運営委員会が中心となり、公民館に取材して壁新聞を作成しました。これは、児童の「やってみたい」という意欲によるものです。

この経験が中学校の「総合的な学習の時間」での伝統文化体験学習につながっていきます。そして、やがては地域の伝統芸能の創作者、演奏者の育成にもつながると考えています。そのような意義をしっかりと理解し、引き継いでいくことも、私たち教師の役割だと感じています。

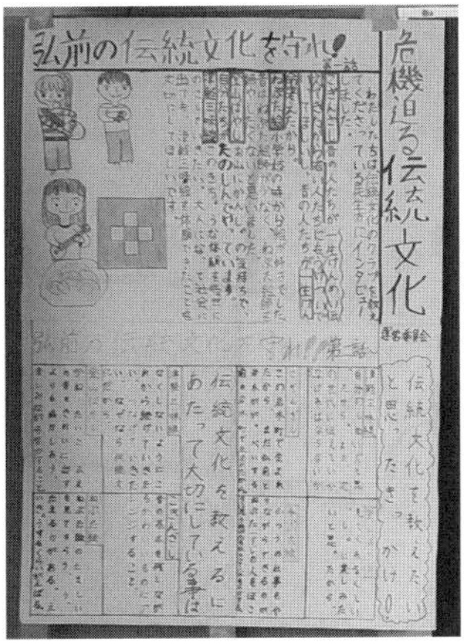

児童が作成した壁新聞

●コラム●

特別活動におけるICTの効果的な活用

特別活動においてICT機器を活用する機会は様々考えられますが、大切なことは、特別活動の特質である「集団活動」や「実践活動、体験活動」の代替としてではなく、特別活動の学習の一層の充実を図るための有用な道具としてICT機器を位置付け、活用する場面を適切に選択し、教師の丁寧な指導の下で効果的に活用することです。

また、授業においてタブレット端末等を活用する際は、「『活用するため』の活動にならないように留意する」「特別活動の目標や内容に合ったものとなるようにする」「学習過程における活用場面を検討し、効果的に活用する」ことが大切です。各活動・学校行事における活用例として、次のようなことが考えられます。

学級活動（1）での活用例

- 上学年の学級会を録画し、学級会オリエンテーションとして視聴
- 上学年の学級会の様子を撮影し、下学年が教室でリモート参観
- 意見をタブレット端末に記入し、大型画面で提示。分類・整理や意見の交流に活用

学級活動（2）（3）での活用例

- 事前アンケート結果の提示の工夫、アンケート集計機能の活用
- ビデオメッセージやインタビュー動画などの資料の工夫

児童会活動での活用例

- 児童会集会活動をタブレット端末で撮影して各学級で放映。各学級の子供たちは大型画面映像を視聴して参加
- 中学校区の小・中学校で、オンラインで交流
- 参加型となるように児童会と生徒会の交流
- 実践をビデオや写真に記録

クラブ活動での活用

- クラブ発表会を動画で紹介。オリエンテーションに活用
- 活動の様子をタブレット端末で撮影し、視聴して工夫・改善に生かす

学校行事での活用例

- 運動会や音楽会などを学年ごとに実施し、他学年は各教室で視聴
- オンラインで家庭と結び、ライブビューイング

(3)健康安全・体育的行事

心身の健全な発達や健康の保持増進、事件や事故、災害等から身を守る安全な行動や規律ある集団行動の体得、運動に親しむ態度の育成、責任感や連帯感の涵《かん》養、体力の向上などに資するようにすること。

(4)遠足・集団宿泊的行事

自然の中での集団宿泊活動などの平素と異なる生活環境にあって、見聞を広め、自然や文化などに親しむとともに、よりよい人間関係を築くなどの集団生活の在り方や公衆道徳などについての体験を積むことができるようにすること。

(5)勤労生産・奉仕的行事

勤労の尊さや生産の喜びを体得するとともに、ボランティア活動などの社会奉仕の精神を養う体験が得られるようにすること。

(「小学校学習指導要領」第 6 章特別活動)

Q42 学校行事ではどのような力が育つの？

大きな集団で目標に向かって協力することを通して学校生活を充実させようとする力が育ちます。

学校行事で育むもの

学校行事は、地域や自然との関わりや多様な文化、人との触れ合いなどの直接体験を通して、日常の学校生活に秩序と変化を与え、学校生活のさらなる充実・発展につなげるものです。

また、学校行事においてよりよく交流したり、自己の役割を果たしたりするなどして、協働して共通の目標を達成することを通して、集団の一員であることに対する自覚を高め、集団における人と人との触れ合いやつながりを深めていきます。

学校行事においては、例えば、次のような資質・能力を育成することを目指すことが考えられます。

- 各学校行事の意義について理解するとともに、学校行事における活動のために必要なことを理解し、それぞれの行事のねらいや内容に即した行動の仕方や習慣を身に付けるようにする。(知識及び技能)
- 大きな集団による集団活動や体験的な活動に協力して取り組むことができるようにする。(思考力、判断力、表現力等)
- 集団や社会の形成者としての自覚をもって多様な他者と尊重し合いながら協働し、公共の精神を養い、よりよい生活をつくろうとする態度を養う。(学びに向かう力、人間性等)

Q43 学校行事の指導のポイントは？

各行事の意義や特質の違いを踏まえ、子供たちが積極的に参加し、協力し合えるようにすることが大切です。

学校行事の基本の学習過程

学校行事は、(1) 儀式的行事、(2) 文化的行事、(3) 健康安全・体育的行事、(4) 遠足・集団宿泊的行事、(5) 勤労生産・奉仕的行事の５種類の総体であるため、各学校行事の意義や育成を目指す資質・能力も様々です。

学校行事は学校が計画し実施するものであり、子供たちの自発的、自治的な活動を特質とするものではありませんが、各種類の行事に、子供たちが積極的に参加し協力することによって充実する教育活動です。

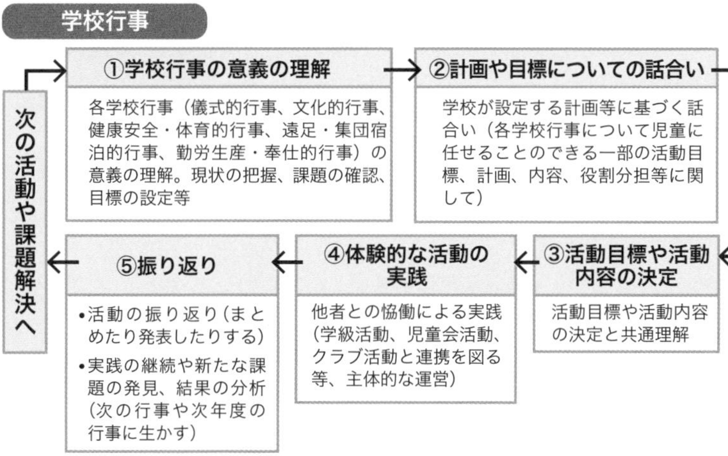

出典：『小学校学習指導要領解説　特別活動編』（文部科学省）より一部変更

Q44 学校行事において体験活動が重要なのはなぜ？

みんなで頑張る体験や、責任を果たす体験を通して、社会の形成者となるために大切なことを実感を伴って学ぶことができるからです。

体験活動の役割

体験活動の充実については、小・中学校の教育内容の主な改善事項（中央教育審議会答申（平成28年1月））の一つに示されています。

これを受けて、小学校学習指導要領第1章総則第3の1の（5）において、次のように示しています。

> 児童が生命の有限性や自然の大切さ、主体的に挑戦してみることや多様な他者と協働することの重要性などを実感しながら理解することができるよう、各教科等の特質に応じた体験活動を重視し、家庭や地域社会と連携しつつ体系的・継続的に実施できるよう工夫すること。

このように、各教科等の特質に応じた体験活動を重視し、家庭や地域社会と連携しつつ体系的・継続的に実施できるよう工夫することが求められています。

さらに、第1章総則第6「道徳教育に関する配慮事項」の3には、次のように示されています。

> 学校や学級内の人間関係や環境を整えるとともに、集団宿泊活動（職場体験活動）やボランティア活動、自然体験活動、地域の行事への参加などの豊かな体験を充実すること。また、道徳教育の指導内容が、児童の日常生活に生かされるようにすること。その際、いじめの防止や安全の確保等にも資することとなるよう留意すること。

集団生活を通して協力して役割を果たすことの大切さなどを考える集団宿泊活動、社会の一員であるという自覚と互いが支え合う社会の仕組みを考え、自分自身をも高めるための職場体験活動やボランティア活動など、様々な体験活動の充実が求められています。

国立青少年教育振興機構による「青少年の体験活動に関する実態調査」では、「自然体験が豊かなほど、『自立性』『積極性』『協調性』が高い」という結果が明らかになっており、また、「自立性」「積極性」「協調性」が高得点であるほど、「自己肯定感」が高い群の割合が高くなる傾向が見られました。

体験活動を継続的に実施していくためには、時間の確保も課題です。各教科等の指導に当たり、教科等の特質に応じた体験を伴う学習の時間を確保するだけでなく、例えば、自然体験や社会体験を行う長期集団宿泊活動において、各教科等の内容に関わる体験を伴う学習や探究的な活動が効果的に展開できると期待される場合、教科等の学習を含む計画を立て、授業時数に含めて扱う柔軟な指導計画を作成するなど、学校の教育活動の全体を通して体験活動の機会の充実を図る工夫をすることも考えられます。

また、その意義や効果について家庭や地域と共有し、連携・協働することが重要です。

データで見てみよう

集団宿泊活動の成果（小学校）

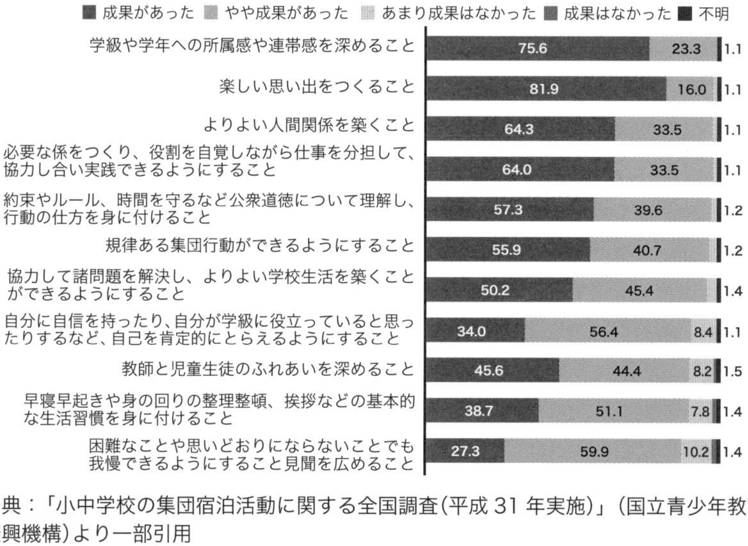

出典：「小中学校の集団宿泊活動に関する全国調査（平成 31 年実施）」（国立青少年教育振興機構）より一部引用

Q45 新しい生活様式の中で学校行事を実施するには？

学校行事の目標を踏まえ、安全に配慮し、配当時間や実施方法に創意工夫を生かしましょう。

学校行事のねらいと特質の再確認を

子供たちにとって学校行事の充実は、学校生活の楽しさや充実に直結すると言っても過言ではありません。体験的な活動を通して学ぶ学校行事は、子供たちが達成感や充実感を得ることができます。実体験を通して体得された知識や技能は、生きて働くものとして実生活の様々な場面で活用され、よりよく生きていくための土台となっていきます。

令和２年度は、世界中に急速に広がった新型コロナウイルス感染症への対策で、早い段階で教育委員会から学校行事の延期や中止などの通知があった地域がある一方で、実施について各学校の判断に任されている地域もありました。感染状況や子供たちの実態に配慮しながら、創意工夫して学校行事を実施していた学校も少なくありません。「例年どおり」にできないからこそ、自校にとってどの学校行事を大切にしたいのかを見直す機会です。

大切にしたいことは、学校行事は「学校生活の息抜き」や「単なるお楽しみ」ではないということです。学校行事のねらいや特質を確認し、その学校行事を通して、どのような資質・能力を育みたいのかを明確にし、学校として子供たちに任せることができない条件を明確にして指導することが大切です。具体例を示しながら、創意工夫を生かした実施において注意したいことを示します。

例えば、運動会については、新しい生活様式下での取組として、時間を短縮したり、学年によって日にちを変えたり、低・中・高学年で時間を変えて実施したりしている学校もありました。

また、「体育科発表会」「スポーツフェスティバル」などというように名称も変えて、体育科の学習成果の発表として実施した学校もありました。

教師はもちろん、子供たちの発意・発想を生かした取組

修学旅行が中止になった代わりに、リモート修学旅行を実施した学校もありました。そのような学校からは、「現地に行けなくてもリモートでお話を聞いたり、調べたり、映像を見たりすることができ、楽しめた」という子供の感想が紹介されていました。

リモートなど、ICT機器を活用した取組のよさは様々です。学校行事としての実施であることを踏まえ、「どの種類の行事か」「その行事の意義や目標に合ったものか」「どのような資質・能力を育むことを目指しているのか」などについて明確にして取り組む必要があります。その学校行事で育成を目指す資質・能力を踏まえ、単に「楽しめた」だけにならないようにすることが大切です。

学校行事の思い出

教頭時代、勤務校が創立140周年を迎えた年度に、140周年をテーマとして1年間の学校行事を計画しました。運動会では、子供たちの思い出に残ることをしようと、全児童で自分の夢を書いたカードをつけて約700個の風船をリリースしました。東京都や千葉県などに住む80名以上の方々からお返事をいただき、交流できたことは、子供たちにとってうれしい思い出になりました。また、航空写真の図柄も全校児童から募集して、全校児童の投票により決定し、撮影したことも楽しい思い出です。その図柄は体育館の壁面にも利用され、子供たちの歴史を刻むものになっています。

学校行事
実践
10

代表委員会や学級活動との関連を図り、児童がつくる運動会

徳島県那賀郡那賀町立相生小学校

●学校について

本校は、徳島県南西部の山間に位置する準へき地校で、令和２年度は全校児童77名でした。保護者や地域住民の学校教育への関心は高く、とても協力的です。純真で温和な児童が多く、自主性や根気強さを伸ばすことを目指しています。

「子供が主役となる学校づくり」を経営方針に掲げ、年度当初の職員会で「児童のために、創造的な仕事をしましょう」「児童のために、学級経営力のさらなる充実を図りましょう」と話し、特別活動の充実を重点目標の一つとしました。令和２年度は「知恵と工夫を出し合って、自分たちの学校は自分たちでよくしていこう」との意識をより高めることで、子供たちの行動力を高めていきました。

●事前の活動

①活動の背景

例年の運動会は認定こども園と合同で行い、大勢の家族や地域の方が来校しますが、令和２年度は半日開催で、「園児と低学年」「中・高学年」の２部制としました。入場行進や開閉会式は６年生のみが行うこととし、応援合戦や児童会種目も取りやめました。ともすれば、児童が受け身になることが予想されましたが、本校で設定した運動会のねらいを達成するためにも、代表委員会との連携や学級活動との関連を図ることで、全ての児童が主役となる運動会をつくりたいと考えました。

②事前の活動（代表委員会との連携、学級活動との関連）

代表委員会は、第２木曜日の６校時に位置付けています。６年全員が運営委員として参加し、司会などの役割を輪番で担っています。本校の代表委員会には１年生から学級代表が参加し、担任や６年生がサポートしています。９月の議題は「運動会を盛り上げよう」とし、合言葉や全体の工夫を決め、学級会でも話し合いました。

話合いの中で学年ごとに運動会を盛り上げる工夫も決定しました。次は、工夫の一部です。

1年	招待状と応援グッズ、てるてるぼうずを作る。
2、4年	エール交換の内容を考え、下級生に教える。
3年	手作り番茶とメッセージを、来校した地域の方に受付で渡す。
5年	開会式に児童席から参加する。種目ごとの見どころを保護者に伝える。
6年	手作りのテントの飾りを、後で園児にプレゼントする。合言葉の書かれた応援旗を作る。校舎を万国旗で飾る。
全体	できなくなった応援合戦の代わりに、団体種目とエール交換を組み合わせる。

例年、３年生は総合的な学習の時間に、地元名産の阿波番茶を茶摘みの段階から作り、運動会や学習発表会では、学校に隣接する老人福祉施設のお年寄りや来賓などにふるまっていました。しかし、感染症対策の理由からそれが困難となったので、受付でメッセージと一緒に茶葉を配ることにしました。

休み時間に自主的に集まり、エール交換や全員リレーの練習をする姿も多く見られました。さらに、「キャリア・パスポート」も兼ねた「運動会がんばりカード」に、全児童がめあてや思いを書くようにして、意欲を高めました。

●当日の活動

６年生は立派に自分の役割を果たし、リーダーシップを発揮しました。また、上級生は手本になろうと努力し、下級生も上級生の姿を見ながら、力を合わせて取り組みました。エール交換にも多くの拍手をいただきました。児童の頑張りと創意工夫により、例年にも増して「心に残る運動会」となり、保護者からも好意的な感想が多く寄せられました。

運動会がんばりカードの内容（5年生）

5年　相生っ子（運動会）がんばりカード

運動会の目標（学年全体の目標）

低学年のお手本になるように、自分から進んで動く

自分の目標を決めよう（相生小学校の高学年として）

最後まで全力でする

> めあての設定は学級活動（3）アで取り組みました。例年より種目や役割が減る中、①5年生として何ができるか、②どうすれば盛り上げることができるか、③どうしたら保護者に楽しんでもらえるかについて話し合い、意思決定をしました。

【楽しみなこと】

団体種目（つな引き）
どんなつな引きになるか楽しみ

【担当~~する~~したい係】

じゅんび係

運動会での活動を振り返ろう

> 運動会実施後の朝の活動の時間に振り返りを行いました。①自分の頑張ったことやうまくいったこと、②友達の頑張っていたことやいいなと思ったこと、③心に残ったことやこれからの生活に生かしたいことについて意見を交流し、自分の考えをまとめました。

① 目標に対して、がんばったことや達成できたことは何ですか？

徒競走でこけたけど、ゴールまでおもいっきり最後まで走ることができました。
痛みもあったけど、全力で走り切れてよかったです。

② どんなことが心に残りましたか。

低学年の応えんが心に残りました。つな引きやリレーで「がんばれ」と大きな声で応えんしてくれたので、力がわいてきて、すごくがんばれました。

③ 運動会で学んだことをこれからの学校生活でどのように生かしていこうと思いますか。

来年の運動会は、私達が中心なので6年生がしてくれたじゅんびやかけ声（声の大きさ）を生かして、低学年を引っぱっていけるようにします。
6年生が進んで放送に行ったり、じゅんびを手伝ったりしていたのでスムーズにいくことができていて生かしたいと思います。（委員会などで）

これからの生活の中でどんどんいいことを進んでしていってくださいね。

2.9.24 たまき

> 教師からのコメントで、児童の頑張りを称賛しました。

当日の様子

●事後の活動

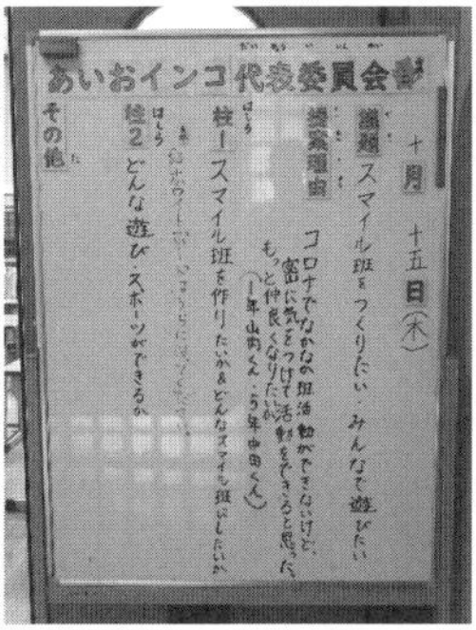

「運動会がんばりカード」の振り返りには、自分や友達の頑張りに気付き、今後の学校生活をよりよくしていこうとする記述が多く見られました。

また、運動会後は異学年で遊ぶ姿が多くなり、代表委員会には「今年もスマイル班（縦割り班）で遊びたい」との提案が出され、班対抗のドッジボール大会や長縄大会などが開催されました。

●新しい生活様式の下での行事を経て、感じた児童の成長

令和２年度は様々な学校行事が縮小や中止となり児童が活躍する場面が減り、児童の意識が内向きになっていました。しかし、運動会以降、6年生を中心に自分たちで話し合って計画を立てたり、仲を深めるための工夫を考えたりしており、その姿からは児童の成長を感じました。

ある担任は、「運動会が友達や学級のことを考えるきっかけとなり、相手を思いやる姿が見られるようになってきた。学校行事の意義を再確認した」と話していました。今後も活動の場や機会の充実を図り、知恵と工夫を出し合い、「自分たちで、自分たちの学校をよりよくしようとする」実践を続け、児童の学びと成長につなげていきたいと考えています。

学校行事実践11

児童と教師が力を合わせてつくった文化的行事「ひみのえ祭」

富山県氷見市立比美乃江小学校

●本校について

本校は平成18年に6つの小学校が統合し、開校した比較的新しい学校です。令和2年度の学校教育目標を「自ら学び　豊かに関わり　たくましく生きる」とし、今年度の重点を「自立（自分づくり）と共生（関わりづくり）」と設定しました。さらに、児童と教師が共に「自分が好き　友達が好き　学校や地域が好き」という3つの好きを育もうという思いの下、1年をスタートさせました。

本稿では、令和2年度に実施した、健康安全・体育的行事と文化的行事を融合させて同時開催した、「ひみのえ祭」の文化的行事の部分の実践を紹介します。

●事前の活動

①日程の設定

令和2年度は、新型コロナウイルス感染症の流行により日々の学習はもちろん、学校行事にも制限が掛かりました。その中で、児童自身が自分の成長を実感し、心を一つにして協働できる学校行事を行いたいと考え、「あきらめない・協力・感謝」というテーマの下、「ひみのえ祭」を行うことを決定しました。

例年であれば、運動会と学習発表会は別々の行事として行いますが、「ひみのえ祭」ではこの二つを融合させ、短期間かつコンパクトに実施し、児童同士はもちろん、保護者の接触も最小限となるよう、プログラムを工夫しました。実際の日程と開催場所は、以下のとおりです。

<table>
<tr><th colspan="3">体育活動の部　場所：比美乃江小学校グラウンド</th></tr>
<tr><td>低学年</td><td>10月14日（水）</td><td>13：00～14：50</td></tr>
<tr><td>中学年</td><td>10月15日（木）</td><td>13：00～15：00</td></tr>
<tr><td>高学年</td><td>10月16日（金）</td><td>13：00～15：00</td></tr>
<tr><th colspan="3">文化活動の部　場所：比美乃江小学校体育館</th></tr>
<tr><td colspan="3">作品展示　10月14日（水）～10月16日（金）　9：00～16：00</td></tr>
</table>

②作品展示の準備

「ひみのえ祭」の準備は、体育活動部担当の教師と、文化活動部担当の教師２人のプロジェクトリーダーの指導の下、６年生全員で役割を分担して進められました。

文化活動部の準備では、６年生が中心となり、体育館入口のアーチ作りのほか、下学年の作品展示なども積極的に取り組んでくれました。

このような準備は、主に朝の時間や、休み時間などを活用し、限られた時間の中で協力して行われました。

文化活動部の仕事を担当した６年生による、体育館入口のアーチ。

下学年の展示についても、どのように飾るかを相談し合って取り組みました。

③学校のマスコット「ひみのえキラリン」を用いた意欲の向上

本校には、児童会活動で代表委員会が全校から募集して作った「ひみのえキラリン」というキャラクターがいます。「ひみのえ祭」でも、文化活動部の準備をした６年生がポスターなどを作成し、学校全体を盛り上げる工夫をしていました。

「ひみのえキラリン」は、本実践以外の場にも登場しており、全校児童に愛されているキャラクターです。キャラクターの活用により、児童が学校への愛着をもち、「自分たちの学校は自分たちでよくする」という気持ちが育っていると実感しています。

●当日の活動

当日は、来校した保護者が、密になることなく安心して観賞していただくことができました。また、例年であれば各教室での展示ですが、全校の作品が一堂に集結した圧巻の展示となり、保護者からはもちろん、児童、教師からもたいへん好評でした。日中開放していたので、地域の方々も見に来られました。

なお、児童も安全に観賞できるようにするために、事前に教師間で学級ごとの観賞時間を申告し合い、同じ時間に３学級以上が体育館に集まらないよう留意しました。全校で鑑賞カードを活用し、友達の作品を見ながら豊かな心を育むことを目指しました。

例年のような児童の発表はありませんでしたが、見ごたえのある展示となりました。

この「ひみのえ祭への道」のパネルは、文化活動部の教師と児童で作成しました。ひみのえ祭までの準備や練習の過程を保護者や地域の方々にも知ってもらうため、練習や準備の様子をまとめました。

●事後の活動

実践後は、ひみのえ祭全体を通しての振り返りを行いました。

下のワークシートの児童は、自分の役割を「色団（チーム）作品で、青団全員が勇気をもてるような絵をかく」としており、振り返りとして、「自分のことだけじゃなく、ほかの人のことも考えられるようになっていきたい」と書いています。一連の活動を通して、学校への所属感を高め、協力して取り組むよさを感じられていることが分かります。

なお、この振り返りシートは、「キャリア・パスポート」の１枚としても記録・保存しています。

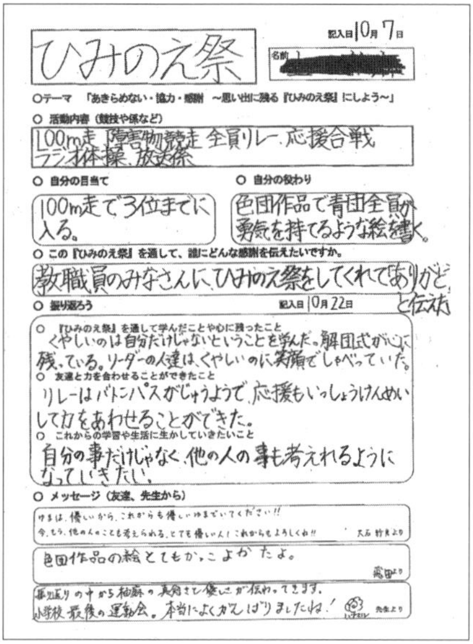
ひみのえ祭　記入日 10月 7日

名前 [redacted]

○テーマ　「あきらめない・協力・感謝　～思い出に残る『ひみのえ祭』にしよう～」

○ 活動内容（競技や係など）

100m走 障害物競走 全員リレー、応援合戦 ラジオ体操、放送係

○ 自分の目当て

100m走で3位までに入る。

○ 自分の役わり

色団作品で青団全員が勇気を持てるような絵を書く。

○ この『ひみのえ祭』を通して、誰にどんな感謝を伝えたいですか。

教職員のみなさんに、ひみのえ祭をしてくれてありがとうと伝えたい

○ 振り返ろう　記入日 10月 22日

○ 『ひみのえ祭』を通して学んだことや心に残ったこと

くやしいのは自分だけじゃないということを学んだ。解団式が心に残っている。リーダーの人達は、くやしいのに笑顔でしゃべっていた。

○ 友達と力を合わせることができたこと

リレーはバトンパスがじょうようで、応援もいっしょうけんめいして力をあわせることができた。

○ これからの学習や生活に生かしていきたいこと

自分の事だけじゃなく、他の人の事も考えれるようになっていきたい。

○ メッセージ（友達、先生から）

ゆまは、優しいから、これからも優しいゆまでいてください!!
今、もう、他の人のことも考えられる、とても優しい人！これからもよろしくね!!

色団作品の絵とてもかっこよかったよ。

振り返りの中から　の真剣さと優しさが伝わってきます。
小学校最後の運動会。本当によくがんばりましたね！　先生より

●成果と課題

これまでとは異なったスタイルで行われた「ひみのえ祭」でしたが、だからこそ例年に比べて綿密な計画を立て、教師間での本実践に対する共通理解をしっかり図りながら運営をすることができました。また、教職員が知恵を出し合うことで、よりよいものを創り上げていけることを実感することができました。

一方で、学校休業明けからの準備であったため、作品制作の時間が十分にとれず苦労したことや、当日になって急きょ来校者名簿を作成したなどの課題も見付かりました。

これらの課題と成果を基に、今後も学校行事の内容を検討し、児童にとってよりよい活動になるよう、カリキュラム・マネジメントも踏まえた計画を立てていきたいと考えます。

実践執筆者・ご協力者

実践執筆者

神田真衣先生	千葉県八千代市立大和田小学校教諭	023、062～069
山下尊子先生	北海道札幌市立北野平小学校校長	070～073
寺嶋佐京先生	千葉県千葉市立更科小学校校長	080～083
狩俣直美先生	沖縄県浦添市立神森小学校校長	084～087
谷内口まゆみ先生	富山県氷見市立比美乃江小学校校長	096～097、154～157
三浦清孝先生	京都府京都市立岩倉北小学校校長	098～099
鷲田　裕先生	京都府京都市立松陽小学校校長	100～103
東　良枝先生	東京都新宿区立落合第三小学校教諭	104～107
小島みつる先生	東京都北区立西浮間小学校校長	120～123
平野　修先生	熊本県熊本市立帯山西小学校校長	124～127
佐藤忠浩先生	青森県弘前市立岩木小学校校長	136～139
岩佐隆之先生	徳島県那賀郡那賀町立相生小学校校長	150～153

写真・資料ご協力者

橋本年弘先生	京都府京都市立陵ヶ岡小学校校長	117、134
稲垣光司先生	埼玉県坂戸市立南小学校教諭	132
齋藤　昭先生	青森県弘前市立朝陽小学校校長	133
古池　茂先生	兵庫県神戸市立東舞子小学校校長	134

（掲載順、所属と実践は令和３年３月時点のものです）

著者紹介

安部恭子　（あべ・きょうこ）
文部科学省初等中等教育局教育課程課教科調査官［特別活動］、国立教育政策研究所教育課程調査官。埼玉県大宮市立小学校教諭として教職をスタートさせ、その後さいたま市立小学校教諭、さいたま市教育委員会、さいたま市立小学校教頭として勤務。平成27年より現職。
主な編著書　東洋館出版社「『みんな』の学級経営（1～6年）」、小学館「楽しい学校をつくる特別活動」（共著）

●本書は月刊誌「道徳と特別活動」にて、平成30年4月号から平成31年3月号までに連載された「新学習指導要領の理念の実現を目指した特別活動の理論と実践」を再編集したものです。

編集協力　上坊菜々子
デザイン・DTP　Isshiki
表紙写真　© Opus, SHASHIN KOUBOU/ amanaimages

特別活動で学校を楽しくする45のヒント
笑顔あふれる学校にしよう！

2021年6月　第1刷発行
2021年11月　第2刷発行

著者　安部恭子
発行者　水谷泰三
発行所　株式会社**文溪堂**
東京本社／東京都文京区大塚3-16-12
〒112-8635　TEL (03)5976-1311　(代表)
岐阜本社／岐阜県羽島市江吉良町7-1
〒501-6297　TEL(058)398-1111　(代表)
大阪支社／大阪府東大阪市今米2-7-24
〒578-0903　TEL(072)966-2111（代表）
ぶんけいホームページ　https://www.bunkei.co.jp/
印刷・製本　株式会社太洋社

ISBN 978-4-7999-0432-9　NDC375　160P　148 mm ×210 mm